SUPER T N T

Liberte Suas Forças Interiores

Biblioteca "Exito" — 33

Volumes publicados:

1.	*Do Fracasso ao Sucesso na Arte de Vender*	Frank Bettger
2.	*As Cinco Grandes Regras do Bom Vendedor*	Percy H. Whitting
3.	*Nova Técnica de Convencer*	Vance Packard
4.	*Vença Pelo Poder Emocional*	Eugene J. Benge
5.	*Simplificação do Trabalho*	R. N. Lehrer
6.	*Do Fracasso ao Sucesso na Arte de Viver*	Harold Sherman
7.	*Técnicas de Delegar*	Donald A. Laird
8.	*Administração Humanizada*	A. J. Marrow
9.	*Por que Elas Compram*	Janet Wolf
10.	*TNT — Nossa Força Interior*	Harold Sherman / Claude Bristol
11.	*O Segredo da Eficiência Pessoal*	Donald A. Laird
12.	*Novas Técnicas de Direção*	Auren Uris
13.	*Liderança*	Auren Uris
14.	*Realize Suas Aspirações*	Elmer Wheeler
15.	*Técnicas Construtivas de Argumentação e Debate*	Cortright e Hinds
16.	*Dinamize Sua Personalidade*	Elmer Wheeler
17.	*Vença Pela Força do Pensamento Positivo*	Pierre Vachet
18.	*Formação de Dirigentes*	Auren Uris
19.	*Venda Mais e Melhor*	Wallace K. Lewis
20.	*A Chave do Sucesso*	W. G. Damroth
21.	*Administração Racional de Empresas (12 vols.)*	Karl Ettinger
22.	*Os Sete Segredos que Vendem*	Edward .J. Hegarty
23.	*Como Vencer a Batalha dos Negócios*	Eric Webster
24.	*O Poder da Psicologia Positiva*	Napoleon Hill
25.	*Psicologia Aplicada na Arte de Vender*	Donald A. Laird / Eleanor C. Laird
26.	*Grandes Problemas e Grandes Soluções do Vendedor Moderno*	Percy H. Whiting
27.	*Ajuda-te Pela Cibernética Mental*	U. S. Anderson
28.	*Manual do Balconista Moderno*	Constantino Grecco
29.	*Psicologia, Técnica e Prática de Vendas*	Constantino Grecco
30.	*Administração Mercadológica*	Constantino Grecco
31.	*Gerência de Vendas*	Constantino Grecco
32.	*Marketing Simplificado*	Constantino Grecco

SUPER TNT – LIBERTE SUAS FORÇAS INTERIORES

Harold Sherman

Tradução de OLGA BIAR LAINO

16ª EDIÇÃO

IBRASA
INSTITUIÇÃO BRASILEIRA DE DIFUSÃO CULTURAL LTDA.
SÃO PAULO

Título da edição norte-americana:

THE NEW TNT
Miraculous Power Within You

Edição original em inglês
publicada por PRENTICE-HALL, INC.

Capa de CARLOS CESAR

Direitos desta edição reservados à

IBRASA
INSTITUIÇÃO BRASILEIRA DE DIFUSÃO CULTURAL LTDA.
R. Treze de Maio, 446
01327-000 Bela Vista São Paulo SP

Publicado em 2010

IMPRESSO NO BRASIL — PRINTED IN BRAZIL

Prefácio

O livro que você agora tem nas mãos está pronto para explodir a qualquer momento na sua mente. Tal como o seu antecessor, *TNT — Nossa Força Interior* que modificou a maneira de pensar e as vidas de vários milhões de homens e de mulheres, ele não contém somente mais DINAMITE em forma verbal — contém ainda mais CONHECIMENTO de Si mesmo que poderá, quando você o puser em prática, levá-la de onde você está para onde você quer estar!

TNT representa a FORÇA — uma força criadora concedida por Deus. A FORÇA que todos os inventores, cientistas, físicos, biólogos, químicos, astrônomos, engenheiros, peritos em eletrônica, técnicos espaciais, astronautas, arquitetos, médicos, psiquiatras, administradores de empresas, funcionários, operários — homens e mulheres em todas as esferas sociais, *inclusive* você — possuem em diversos graus de desenvolvimento!

Todas as pessoas vitoriosas, consciente ou inconscientemente, apelaram para esta FORÇA para atingir êxito, porque o êxito não pode ser atingido sem ela.

Harold Sherman, o autor deste livro, também foi o autor de *TNT — Nossa Força Interior*, que ele baseou num folheto que Claude Bristol, autor de *A Magia da Crença*, escrevera uns vinte anos antes, intitulado *TNT — Ela Sacode a Terra*. Depois da morte do sr. Bristol em 1951, a Prentice-Hall, Inc. combinou com o sr. Sherman, que compartilhava a filosofia de Bristol, o desenvolvimento deste folheto em dimensão de livro. *TNT — Nossa Força Interior* leva, por isso, os nomes de Bristol e Sherman como co-autores. Tornou-se um dos livros mais vendidos no terreno da ajuda a si mesmo.

Agora, Harold Sherman criou a sua continuação, Super TNT. — Liberte Suas Forças Interiores que é ainda mais emocionante e animador.

SUPER TNT principia onde *TNT — Nossa Força Interior* tinha parado, revigorando sua comprovada técnica de raciocínio certo com o relato de outros casos e considerável material novo. Aqui você encontrará provas numerosas de que aquilo que você FOTOGRAFAR na sua mente, sustentado pelo ESFORÇO e pela FÉ necessários, poderá, um dia, tornar-se um fato consumado em sua vida!

Índice

1

Seus Mutáveis Mundos, Exterior e Interior

Em 1954, quando *TNT — Nossa força Interior* estourou pela primeira vez na mente dos leitores masculinos e femininos, dinamitou os antigos e falsos conceitos e as arraigadas idéias de medo, ansiedade e raciocínio errôneo de muitos espíritos e encaminhou esses indivíduos para novas oportunidades e realizações.

Desde essa ocasião, recebi e continuo a receber cartas agradecidas e testemunhos de êxito da parte de centenas — na verdade de milhares — de leitores do *TNT* que me declaram, em resumo:

"*Dá resultado!* Quando aprendi a apelar para as admiráveis forças criadoras da mente, comecei a conseguir resultados. Comecei a deixar para trás os meus antigos problemas, dificuldades e frustrações. Comecei a alcançar uma saúde melhor, mais autoconfiança, uma atitude mais positiva, mais animada e mais otimista para com a vida, uma compreensão melhor de mim mesmo e dos outros — enfim, uma felicidade maior em todos os aspectos de minha vida particular, social e financeira!"

AGORA, depois destes primeiros dez anos — atendendo aos crescentes pedidos de MAIS informações a respeito de *TNT — Nossa Força Interior* ofereço mais um livro, que une a técnica provada e comprovada do outro, a relatos novos de casos e mais experiência própria a fim de auxiliar tanto os antigos como os novos leitores a irem de onde estão para onde querem estar!

Se você já se defrontou com o TNT, não está onde estava antes desse encontro. Digo isto com absoluta segurança porque desafio você ou quem quer que seja a ler e a aplicar esta sabedoria sem receber uma "nova dose" que levará você para uma situação mais alta no mundo do que aquela em que estava antes. É impossível começar a pensar certo e continuar a obter resultados falhos!

Há uns trinta ou cinqüenta anos, este conhecimento de si mesmo não era disponível de maneira muito compreensível e apropriada. Tinha-se de descobri-lo entre tentativas e erros. Os antigos tinham tentado ensinar-nos que: "O homem é o que ele pensa no espírito e no coração!" Mas, apesar de soar agradavelmente, ainda assim parecia um tanto primário quando diante dos problemas e situações diários.

Isso foi antes que principiássemos a compreender a grande e infalível força do pensamento — o homem elevou-se ao seu lugar atual nesta terra e se está preparando para decolar para planetas distantes unicamente sobre as asas de seus *pensamentos!* Comparado à energia atômica, uma força descoberta e desenvolvida pela mente do homem, o PENSAMENTO agiganta-se para o Infinito! Assim como parece não haver limites para o universo físico sempre em expansão, não há, e pode-se demonstrar, limites para a criatividade sempre em expansão da mente humana! O que o homem pode retratar na sua mente, poderá, um dia, realizar. Por isso, podemos mais facilmente compreender e aplicar a afirmação muitas vezes mencionada dos antigos, declarando:

"O homem é o que ele RETRATA na sua mente e no seu coração!"

TODAS AS MUDANÇAS DEVIDAS AO PENSAMENTO

Nos últimos dez anos, você mudou muito.
Eu também!
Você está mudando neste momento, enquanto lê esta frase.
Eu também!

Assim também tudo em todo o Universo, porque nada permanece imóvel. Nada é exatamente o mesmo que era antes, uma fração de segundo que seja. .

Alguma coisa vai acontecendo com você, tanto fora como dentro de seu corpo e de seu espírito, desde o momento em que você nasce; e esses acontecimentos vão deixando sua influência sobre você — inexoravelmente amoldando você no indivíduo que você é hoje!

Assim é a vida. Ela o impele a continuar em movimento, seja para a frente seja para trás — dependendo do que você resolva fazer e como resolva fazê-lo.

PARA QUE LADO VOCÊ ESTÁ INDO?

Há uma única pergunta que deve fazer a você mesmo: "Estou na direção certa?"

Se você está indo para trás — se você está perdendo terreno na corrida da vida, se não está alcançando o que planejou, você só tem uma resposta. Deve postar-se diante de um espelho, ou olhar dentro de você mesmo, e dizer sem termos vagos:

"Chegou a hora de mudar de direção! Tome a *trilha mental* certa! Desvie todos os raciocínios errôneos do tronco principal — e desobstrua-o para agir! Já desperdiçou tempo bastante apiedando-se de você mesmo e culpando os outros e as circunstâncias que lhe pareciam incontroláveis por tudo que não deu certo — pelos obstáculos no seu caminho. De agora em diante, você vai deixar para trás todo esse excesso de bagagem. Vai libertar a mente de todas as queixas e de todos os ressentimentos. Vai recomeçar tudo de novo com pensamentos novos, idéias novas e nova determinação — e com a crença e que, ao mudar de raciocínio, grandes e profícuas mudanças entrarão em sua vida!"

Sente-se melhor? É claro que sim! Tenho sentido ânimo novo toda a vez que me encaro e digo a verdade sobre mim mesmo. É claro que a verdade magoou, inúmeras vezes. Mas, como disse muitas vezes: "Prefiro magoar-me eu mesmo a deixar que outros me magoem!"

Se puder verificar meus erros e fraquezas e passar a solucioná-los antes que outra pessoa me venha apontá-los de maneira muito desagradável, ou antes que me causem percalços — imagino que encontrei a saída mais fácil e melhor.

Você deve ter precisado, alguma vez, conversar demoradamente com você mesmo. Entrar numa rotina mental é a coisa mais simples do mundo. Apiedar-se de si, enojar-se da vida e das pessoas, pronto para desistir de um projeto ou de uma ambição. Estes sentimentos são comuns a todos nós — mesmo àqueles que você considera homens e mulheres vitoriosos. Eles também têm as suas provas, suas desilusões e decepções.

SUA HORA PARA UM INVENTÁRIO PESSOAL

Hoje é o único dia que você tem. Este momento é seu para fazer com ele o que quiser, enquanto ele durar. Logo você chega ao minuto seguinte, e ao outro, e se não estiver ocupando seu tempo de maneira proveitosa, ele fugirá para sempre.

Um grande homem disse uma vez: "Se eu ao menos recuperasse o tempo que perdi não fazendo nada proveitoso, quanta coisa mais poderia ter realizado!"

Hoje em dia o tempo está andando mais depressa porque, neste mundo que se transforma, temos de repartir o Tempo entre tantas coisas que queremos fazer ou nos sentimos impelidos a fazer. Há tantos interesses e atividades solicitando a sua participação que é difícil escolher entre eles; e você pode acabar ficando tão enredado que não poderá dar a atenção apropriada a qualquer deles. Se for assim, talvez seja preciso dar uma organização aerodinâmica às suas ações cotidianas para que você pdssa liberar Tempo para concentrar-se naquilo que mais significa para você e seus entes queridos.

Se você se surpreender dizendo: "Não tenho tempo para fazer o que deveria ou o que quero fazer", não poderá esperar nunca realizar amanhã o que deseja hoje.

Qualquer mudança no seu raciocínio principia agora. Poderá, quererá arranjar tempo, criar tempo para dedicar alguns minutos por dia à limpeza de seu convés mental para a AÇÃO?

Quer começar fazendo um inventário pessoal de você mesmo? Fazendo perguntas francas e pedindo respostas francas?

Você, na realidade, se conhece melhor do que ninguém. Mas talvez não goste de admitir, a princípio, algumas das descobertas que fará a seu respeito.

Por exemplo:

Como vai indo no mundo de hoje?
É feliz nele?

Como se dá com os outros?
Ambiciona chegar a postos além de sua situação atual na vida?

Tem muitos problemas de ordem financeira?

Como são os seus hábitos pessoais?

Tem prablemas conjugais?
Está só e solitário?

Como classifica sua personalidade e sua aparência física?

Precisa de uma formação cultural melhor?

Você acompanha a ritma das rápidas mudanças sociais e econômicas?

Estas são apenas algumas das perguntas que precisa fazer a você mesmo para determinar como se encontra no mundo de hoje — e se não ficar satisfeito com algumas das respostas que obtiver — é possível que o que eu tenho a dizer neste livro o ajude a levá-lo de onde está para onde quer estar.

Mas eu o prejudicaria se não chamasse a atenção para isto logo no princípio. Você não vai achar que o que eu lhe ofereço nestas páginas seja uma filosofia falaz que convide você a enfiar a "cabeça mental" na areia e procurar criar a tipo de mundo que deseja com banalidades e afirmações agradáveis.

Esta força criadora, espiritual, magnífica e, no entanto, ainda misteriosa, não reage a esses exercícios intelectuais. É a sua *sensibilidade recôndita* que gera a força que está por trás do pensamento. O que você quer *verdadeiramente*, ou o que você *teme*, ativa esta força, levando-a a imantar, por assim dizer, as condições em torno de você, a começar a atrair o que é exigido quanto a experiêndas e acontecimentos, para produzir o que você visualizar.

Você já ouviu isto, mas vale a pena repetir: *"Os iguais se atraem no reino do espírito!"* Esta lei é universal — a lei, da causa e do efeito. Funciona automaticamente, eternamente, e é imparcial. O infortúnio se abaterá sobre você se não observar esta lei! Significa que o ódio atrai o ódio, e o preconceito atrai o preconceito — e assim por diante! Isto explica, em grande proporção, as condições turbulentas do mundo de hoje. Grandes massas de pessoas mentalmente, emocionalmente e fisicamente perturbadas, concretizam estes distúrbios sob forma de protestos, tumultos, bombardeios, assassinatos e toda espécie de atos violentos, que poderão levar à guerra. Toda a história do passado é uma prova trágica disto.

Você faz parte da humanidade, independentemente de sua raça ou cor ou de onde vive ou do que faz. Por todos os lados você presencia as conseqüências infelizes do raciocínio errôneo do homem. Muitos homens e mulheres estão desviando as magníficas forças criativas do espírito, uma dádiva, contra si mesmos e contra o seu próximo!

Não é tanto deliberadamente quanto por ignorância que assim estão agindo. A maioria deles ainda não ligou suas destrutivas atitudes mentais e emocionais às coisas destruidoras que estão acontecendo a eles e aos outros. Quando assim fizerem compreenderão que o *PENSAMENTO*, e somente ele, terá produzido essas condições.

Aqui está — em forma de concentrado:

O que você põe na cabeça em matéria de pensamentos e sentimentos (desejos ou temores) é o que subseqüentemente se materializa para você no seu mundo exterior. Deve, portanto, aceitar este fato fundamental — à medida que os seus pensamentos mudam, mudam os acontecimentos no seu mundo exterior! o que é outra maneira de dizer que *as coisas acontecem primeiro no espírito antes de acontecerem realmente na sua vida externa.*

Exemplificando: você não pode nem ao menos pôr de lado este livro enquanto não der uma ordem mental às suas mãos para que executem a ação.

GRANDES FORÇAS DO ESPÍRITO AINDA, POUCO CONHECIDAS

Apesar de tudo o que o homem fez de seu espírito, ainda pouco conhece sobre os seus aspectos mais recônditos. Mas principia, finalmente, a penetrar no fundo misterioso de sua consciência e a fazer descobertas altamente significativas.

Como você talvez saiba, dediquei uma vida inteira ao estudo das forças mais elevadas da mente, e digo-lhe com profunda convicção (baseado em anos de pesquisa e experiências pessoais) que sua mente possui:

Poder para criar. . . poder para curar. . . poder para atrair. . . poder para repelir. . . poder para transmitir e receber pensamentos. . . poder para sentir condições e acontecimentos a distância. . . poder, vez por outra, para ver o futuro. . . poder para conduzir orientação diária de Fontes Superiores para as profundezas do seu subconsciente.

Antes, porém, que possa usufruir todos os benefícios desses poderes, você deverá aprender a controlá-los e a dirigi-los. Eles agora estão trabalhando para você, espontânea e intermitentemente. Você se lembra de ocasiões em que tinha fortes ímpetos de fazer ou não fazer uma tarefa qualquer, sensações precisas de que determinados fatos tinham acontecido ou iam acontecer, uma repentina e irreal solução de um problema, um lampejo de intuição — os quais deram resultado, apesar das dúvidas que possa ter tido no momento.

Todos esses eventos não foram coincidências: eram as suas faculdades extra-sensoriais tentando atravessar a resistência da sua mente consciente e ser úteis a você.

VOCÊ DEVE ACREDITAR

É claro que você não pode requisitar o seu "TNT" — esta força criadora que há em você — para trabalhar com êxito para você se você não acreditar nela. Seu espírito é grandemente sensível à sugestão. Diga-lhe "você não poderá fazer tal coisa" — e você não poderá. Seu subconsciente não pondera nem discute com você — apenas aceita. Mas dê-lhe ordem para se ocupar num projeto, imagine o que quer que ele faça, tendo um sentimento verdadeiro a acompanhá-lo, e toda a máquina criadora de seu espírito principia a trabalhar. Mais ainda — enquanto você mantiver este quadro em seu espírito, com fé, ele não cessará enquanto o que você tiver imaginado não se tornar fato consumado.

Uma pessoa cética não conseguirá resultados dignos de nota porque lhe falta fé. Mas o poder criador funcionará na sua mente do mesmo modo que funciona na mente de qualquer outra pessoa. O que for que ela imagina, seja bom ou seja mau, desejando-o ou temendo-o será atraído para ela de um modo ou de outro, na hora oportuna. Você não pode impedir que este poder criador trabalhe para você ou contra você, dependendo da natureza de seus pensamentos e sentimentos. Ninguém pode.

A INFELICIDADE DECORRENTE DE RACIOCÍNIO ERRÔNEO

Hoje em dia, muitas pessoas, no mundo, são infelizes, em grande parte devido ao seu raciocínio errôneo. Isto causa distúrbios entre os indivíduos, e situações de tumulto, desassossego e francos conflitos em muitas sociedades assim como em muitos países. O resultado é que as doenças mentais estão na frente de todas as outras doenças, seguidas de perto pelos males do coração e o alcoolismo. Isto é uma prova de nossa transtornada reação às coisas que nos estão acontecendo, ao ritmo em que estamos vivendo, às pressões que suportamos, às tensões mentais e físicas que estamos experimentando.

Nesta Era Espacial, há medo do futuro: os sentimentos de incerteza e de insegurança são comuns. Haverá uma terceira

Grande Guerra? O que a automação nos vai causar? Estamos caminhando para outra crise econômica? Poderão algum dia todas as raças e cores viver pacificamente em comum? Como os nossos filhos compreenderão? Ainda estaremos a salvo nas ruas e nas estradas ou mesmo nas nossas próprias casas? Por que as pessoas estão tendo procedimento mais indisciplinado, estão menos respeitosas da vida e da propriedade? Haverá realmente um Deus, um Ser Supremo, uma Grande Inteligência que tenha uma preocupação qualquer com a criatura humana?

Estas perguntas vitais e muitas outras mais estão martelando a consciência de homens e mulheres de todo o mundo. Elas estão conduzindo a uma revolução do pensamento. As pessoas não estão pensando, agindo e reagindo da maneira como o faziam há alguns anos — e nunca mais haverá a repetição daqueles "bons tempos". Por mais que se deseje, não se pode fugir às condições de alteração do mundo. Elas eventualmente nos colhem, onde estivermos, e de um modo qualquer seremos afetados por elas.

O BOM E O MAU EM TODAS AS COISAS

A medida que a Ciência nos vai conduzindo mais e mais para a Era Espacial, vamos deparando com maravilhas que se vão desenrolando continuamente. Mas essas evoluções impressionantes, porém promissoras, também trazem consigo grandes perigos e aterradores problemas. Isto porque, no mundo da natureza assim como no mundo do homem, não há nada de bom que não tenha o seu lado mau.

Como é sabido, a energia atômica pode reduzir a terra a cinzas, e pode também libertar o homem de todo trabalho enfadonho: levar o homem à lua e a planetas distantes. Transformar a água salgada dos oceanos em água potável, irrigar imensas terras estéreis, proporcionar condições de vida a milhões de pessoas que agora morrem de fome, fornecer energia para satisfazer as necessidades industriais de todas as nações — e dar ao homem, finalmente, a liberdade de se desenvolver no saber e na qualidade.

Mas — o homem fará isso? TEM DE FAZER — se quiser sobreviver!

A fim de viver feliz e com êxito, com a garantia de uma razoável dose de segurança no conturbado mundo de hoje, a sua maior, a sua única e básica proteção é você manter a atitude mental certa — é sua capacidade de permanecer calmo, sereno, e de espírito lúcido em situações tensas que de outro modo lhe transformariam completamente o espírito, as emoções e o físico.

Este é o tema deste livro: como você e eu poderemos preparar-nos, mental e espiritualmente, para viver neste mundo em transformação! Não vai ser fácil porque seremos submetidos a prova, de um modo ou de outro, a cada dia de nossas vidas.

Pode ser uma discussão com o vizinho, uma desavença com um amigo, um desastre de automóvel, a perda do emprego, uma discórdia entre marido e mulher, um aborrecimento com um filho indisciplinado ou teimoso, uma decepção numa transação comercial ou com um sócio, problemas em matéria de dinheiro, um problema racial crescente, um mal-estar entre parentes ou afins, a preocupação com a saúde de um amigo ou de uma pessoa amada, a inquietação sobre a situação mundial, um filho ou filha longe de casa ou fazendo serviço militar, seu próprio estado de saúde — a escolher

Qualquer destas situações, e inúmeras outras, podem ter efeito devastador sobre você — a menos que você possua a ampla capacidade de enfrentá-las mantendo ao mesmo tempo o domínio da mente e das emoções.

VOCÊ TEM DE LIDAR COM OS OUTROS ESPÍRITOS

Neste mundo em transformação, você não precisa apenas responder por seus pensamentos e sentimentos — precisa, ao mesmo tempo, proteger-se contra os pensamentos e sentimentos negativos e belicosos dos outros.

O general Thomas E. Powers, antigo chefe do Comando Estratégico Aéreo, declarou — "O homem não é um animal pacífico."

Minha avó, Mary E. Morrow, foi uma mulher notável, que, tinha uma profunda e permanente fé nas forças superiores do espírito e em Deus. Enfrentou muitas vicissitudes com grande e sereno estoicismo. Depois de sua morte, em avançada idade, encontrei entre seus papéis os seguintes pensamentos manuscritos, que muitas vezes recordei, quando o caminho parecia rude:

"Nós todos temos um trabalho a fazer. . . Um objetivo na vida. . . e não podemos esperar alcançá-lo sem uma luta por vezes sangrenta."

A vida não precisa ser sangrenta, mas pode às vezes ser áspera porque cada dia nos traz experiências novas e novos contatos com diferentes tipos de pessoas, com as quais temos de lidar.

Não podemos esperar que todos estejam de acordo conosco a respeito das diferentes questões que possam surgir, nem podemos esperar que todos sejam sinceros e francos em suas relações. Todavia, descobri que, em qualquer circunstância comum, se você for honesto no seu trato com os outros, nove vezes em dez eles serão honestos no trato com você. Novamente, a lei de "os iguais se atraem" em operação.

Não obstante, sendo a natureza humana o que é, você encontrará alguns indivíduos com os quais será difícil senão impossível se dar bem. Sem dúvida você já topou com pessoas assim há muito tempo. Nesses casos, se puder, é melhor você ir passando sem elas.

Haverá os que tentarão dominar-lhe a vida, controlar-lhe os pensamentos e os atos, se você deixar. O seu mais inestimável tesouro é a sua liberdade de escolha, de decisão, de ação.

Chegou o momento, se você estiver sob a influência de outra pessoa, de declarar a sua independência. Se se tratar de uma pessoa amada ou de um amigo íntimo, aja com diplomacia mas com firmeza. Você não pode dirigir sua vida enquanto ela estiver sob a direção de outrem. Você pode trabalhar harmoniosamente com os outros, servindo-os voluntariamente, por amor, obrigação ou por um sentimento de dever — mas não ter liberdade de expressar seus próprios pensamentos e sentimentos ou buscar seus legítimos interesses e desejos em sua vida é escravidão.

PREPARE-SE PARA IMAGINAR UM FUTURO MAIS BRILHANTE!

Resolva já dar os passos exatos para um futuro melhor — ter novos pensamentos, tentar novas idéias, atrair novas e melhores experiências!

Numa proporção maior do que você pode imaginar no momento, pode assumir o controle do seu destino.

Reduzida a simplicidade total, a sua felicidade fundamental depende grandemente do que você pensa dos outros e do que os outros pensam de você. De como você reage ao que lhe acontece; de quanto a sua mente está livre de qualquer possível temor, ódio ou preconceito; ou de sentimentos de inferioridade ou insegurança, e outros; se você tem ou não prazer com o que está fazendo e com as pessoas com quem trabalha, ou com quem está associado; se acha agradável viver com você mesmo; se você e seus entes queridos se compreendem ou não; se sua situação em sua vida familiar é o que deveria ser.

Tudo isso é parte essencial da vida — e se uma ou mais destas coisas não está certa, você terá de fazer umas *correções* na sua imagem mental.

Lembre-se — você não pode mudar sua situação na vida enquanto não mudar sua *maneira de pensar!*

PENSAMENTOS PARA INCORPORAR EM SUA VIDA

O que eu puder imaginar no meu espírito, poderei realizar um dia.

Hoje é o único dia de que disponho. Portanto, vou ocupá-lo com atividades amenas e construtivas.

Nada pode contribuir de maneira mais profícua para o meu progresso do que o esforço diário para situar e remover meus erros e fraquezas.

Hei de me lembrar sempre de que qualquer mudança em minha vida principia com uma mudança em meu raciocínio, porque "os iguais sempre se atraem" no campo do espírito.

Para viver feliz e bem sucedido devo manter a atitude mental certa — a capacidade de permanecer calmo, sereno e clarividente em todas as circunstâncias.

2

Principie Fazendo Sua Auto-Análise

Você é hoje o resultado de todo o seu raciocínio PREGRESSO.

Cada EXPERIÊNCIA que você teve está gravada na sua MENTE e continua a existir na MEMÓRIA, possa você lembrá-la à vontade ou não.

Os BONS pensamentos e acontecimentos, com os MAUS!

É lei universal os iguais se atraírem!

Portanto, os BONS pensamentos atraem os BONS acontecimentos; os MAUS pensamentos atraem os MAUS acontecimentos.

Vamos examinar os pensamentos de SUA VIDA INTEIRA e descobrir por que certas coisas aconteceram a você — e outras não!

POR QUE você pode ter tido experiências que julgava NÃO QUERER, e POR QUE muitas coisas que você julgava QUERER nunca vieram a acontecer!

Está pronto para descobrir seus pontos fracos e averiguar o que precisa "trabalhar" para melhorar sua personalidade, raciocínio e condições de vida?

Se está, prepare-se para FAZER a VOCÊ MESMO ESTAS PERGUNTAS PESSOAIS FRANCAS. As suas respostas determinarão sua necessidade de autodesenvolvimento!

Você sabe COMO sua MENTE age *realmente?*

Você sabe que pensa por IMAGENS MENTAIS e que se você RETRATAR uma coisa qualquer na sua MENTE com suficiente força e confiança, poderá vir finalmente a acontecer? (Tanto para seu BEM como para o seu MAL, dependendo da NATUREZA de suas IMAGENS MENTAIS!)

Sendo isto verdade, que espécie de IMAGENS você traz em sua MENTE hoje?

Tome uma folha de papel ou um caderninho e escreva o que você PENSA e o que ACHA sobre —

1. Seu Melhor Amigo (Namorado ou Parente)
2. Sua Mulher ou Marido (Se for casado)
3. Seus Filhos (Ama-os, irrita-se com eles ou odeia-os?)
4. Seu Chefe (Se for empregado)
5. Seu Trabalho (Tem prazer com ele ou o detesta?)
6. Sua Posição na Vida (Abaixo de você? Muito difícil de manter?)
7. Sua Religião (É consoladora, útil, animadora?)
8. Sua Convicção ReLigiosa (Tem realmente fé?)
9. Sua Tolerância (Respeita as crenças dos outros?)
10. Sua Própria Fé (Pode ficar só numa crise?)
11. Seus Ódios e Preconceitos (Como são eles? Por que?)
12. Suas Atividades de Lazer (Frutuosas? Para matar o tempo?)
13. Seus Temores e Ansiedades (Enumere todos)
14. Seus Impulsos Sexuais (Estão sendo satisfeitos?)
15. Sua Saúde (É o que deve ser?)
16. Seus Exercícios Físicos (Insuficientes ou excessivos?)
17. Seus Hábitos (Você os domina?)
18. Seu Objetivo na Vida (Tem algum? Vale a pena?)
19. Sua Apârência (Pode ser melhorada?)
20. Sua Personalidade (Sedutora? Pode ser mais ainda?)
21. Seu temperamento (Despreocupado? Sério demais? Tenso? Emotivo?)
22. Seu Senso de Humor (Suficiente? Precisa ser desenvolvido?)
23. Sua Atitude Mental (Mais positiva, ou mais negativa?)
24. Sua Disposição (Alegre? Deprimida?)

25. Seu Ego (Egocêntrico? Interessado pelos outros?)
26. Seu Orgulho (Gosta de bajulações ou de opiniões sinceras?)
27. Seu Respeito Próprio (Lutará para defendê-lo?)
28. Seu Amor aos Princípios (Forte ou fraco?)
29. Seu Sentimento de Lealdade (Você o pede e retribui?)
30. Sua Concentração (Pode raciocinar sob pressão?)
31. Sua Capacidade de se Distender (Pode relaxar imediatamente?)
32. Sua Persistência (Desiste com facilidade? Nunca desiste?)
33. Seus Pensamentos Espontâneos (Desejos reprimidos? Temores?)
34. Sua Vida Familiar (Agradável? Irrita-lhe os nervos?)
35. Seus Complexos (Fixação em pai, mãe, irmão, irmã?)
36. Sua Pontualidade (Faz os outros esperarem?)
37. Seu Ponto de Vista (ProcurA compreender o dos outros?)
38. Sua Memória (Há coisas que você quer esquecer? Por que?)
39. A Expressão de Sua Personalidade (Fácil ou difícil? Por que?)
40. Sua Autoconfiança (Sente-se inferior? Incapaz? Por que?)

A sua RESPOSTA a estas perguntas deve fornecer-lhe um RETRATO seu completamente exato de como você é HOJE!

Mas TUDO que está acontecendo a você AGORA teve o seu começo nos seus DIAS PASSADOS, talvez mesmo na sua PRIMEIRA INFÂNCIA. Por esta razão — se quer usufruir uma FELICIDADE MAIOR por meio do domínio de condições e obstáculos ATUAIS — você tem de passar em revista suas experiências PASSADAS e EXPULSAR todos os RACIOCÍNIOS ERRÔNEOS e REAÇÕES EMOCIONAIS. Assim fazendo, verá com clareza os EFEITOS que as imagens mentais NÃO CORRIGIDAS estão tendo sobre sua VIDA ATUAL.

Portanto, prepare-se e pergunte a você mesmo que espécie de IMAGENS você trazia na MENTE, no PASSADO?

Mais uma vez, registre com franqueza e sinceridade estas respostas numa folha de papel ou num caderninho, anotando o que têm sido os seus PENSAMENTOS e SENTIMENTOS.

1. Qual é a lembrança mais remota de sua infância? (É sobre sua mãe, uma queda, uma queimadura? Descreva-a por extenso.)
2. Tinha ciúme de um de seus pais? (Sabe por que?)
3. Sua mãe ou seu pai era carinhoso? (Não muito? Demais?)
4. De quem você gostava mais — do pai ou da mãe? (Por que?)
5. Acha que criou um complexo paterno ou materno?
6. Foi emocionalmente difícil para você sair de casa?
7. Você agora se sente independente ou tem influência paterna?
8. Ainda acha que o julgamento paterno é o melhor? (Conta com ele ou repousa nele?)
9. Podia conversar livremente com seus pais sobre todos os assuntos? (Ou recalcava?)
10. Você sentia que seus pais o compreendiam? (Somente um — ou ambos?)
11. Tinha licença de brincar com todas as crianças? (Se não tinha, por que?)
12. Os pais tinham preconceitos raciais ou religiosos? (E os transmitiam?)
13. A religião fazia parte da vida familiar? (Você gostava ou se indignava com isso?)
14. Teve experiências sexuais prematuras? (Por sua vontade? Sugeridas por outros?)
15. Suas primeiras noções de sexo foram puras ou grosseiras?
16. Você ficou com desejos antinaturais ou recalcados?
17. Hoje esses desejos estão perturbando a sua felicidade sexual?
18. Você tem profundos sentimentos de "culpa" por antigos pecados de sexo?
19. Você sofreu alguma fixação paterna que transtornou sua vida sexual?

20. Seu pai ou sua mãe se opôs a que você se casasse, saindo de casa?
21. Um deles intromete-se agora na sua vida familiar?
22. Quando criança, foi sempre poupado de trabalhos pesados?
23. Ensinaram-lhe a terminar toda a tarefa que iniciasse?
24. Você procurava seus pais quando as coisas não davam certo, esperando consolo e auxílio?
25. Era acalentado e posto na cama toda a vez que se sentia triste?
26. Seus pais eram capazes de ver o lado engraçado das coisas? (ou eram sérios demais?)
27. Ensinaram-lhe que realizar tarefas poderia ser interessante e prazeroso, tanto quanto trabalhar?
28. Era encorajado a tentar de novo, se não conseguia na primeira vez?
29. Era favorito entre os outros membros da família ou se sentia esquecido?
30. Chegava a tempo na escola? Respeitava a hora dos outros?
31. Era ordeiro e asseado nos seus hábitos pessoais?
32. Sentia que seus pais de fato queriam você e o amavam?
33. Tinha licença de se exprimir ou era reprimido, suas opiniões não eram levadas a sério?
34. Pertencia a clubes, organizações e grupos no colégio?
35. Era tímido, atrasado, envergonhado?
36. Era sensível à crítica?
37. Odiava um de seus pais? Por quê?
38. Tinha medo do escuro? Ficou alguma vez de castigo no escuro?
39. Era comparado aos outros desfavoravelmente?
40. Cultivou temores de castigos, de má conduta, de não ser bem sucedido?

Estas perguntas e suas respostas são suficientes para lhe revelar os ESTADOS DE ESPIRITO e REAÇÕES EMOCIONAIS que você precisa mudar para seu próprio bem.

Esta análise de VOCÊ MESMO, depois que a completar e estudar, *de maneira impessoal e objetiva,* deverá PROVAR a você o EFEITO do PENSAMENTO em sua VIDA, e seu PODER de lhe trazer FELICIDADE ou TRISTEZA, ÊXITO ou DERROTA;

Aparelhado com este conhecimento de suas forças e fraquezas, você estará pronto para tomar o CAMINHO DO AUTO DESENVOLVIMENTO, que poderá habilitá-lo a superar muitas ATITUDES MENTAIS ERRÔNEAS e começar a alcançar, por meio da VISUALIZAÇAO CERTA, a felicidade e o êxito que sempre desejou.

Conserve esta ANÁLISE que fez de você mesmo ABSOLUTAMENTE SECRETA, e confira-a com o seu desenvolvimento quando começar a MELHORAR sua situação na vida através do RACIOCÍNIO CERTO.

Você ficará surpreendido e encantado com o PROGRESSO que poderá fazer. Este poderá ser o mais importante PONTO DECISIVO de sua vida, assim como tem sido para milhares de outros homens e mulheres de todo o mundo. Eles recuperaram a saúde, a felicidade, a prosperidade — todas as coisas BOAS da vida — aprendendo e aplicando esta mesma TÉCNICA SIMPLES DE RACIOCÍNIO CERTO.

PENSAMENTOS PARA INCORPORAR EM SUA VIDA

Compreendo que sou, hoje, o resultado de todo o meu raciocínio pregresso. . .

Que tudo que está acontecendo comigo agora principiou nos meus dias de ontem...

Que penso, fundamentalmente, por meio de imagens mentais...

Que o que imagino com força, confiança e firmeza na minha mente se transforma na planta em

que o Poder Criativo do meu SUBCONSCIENTE vai trabalhar...
Que o que eu imagino fazer, ser ou ter — acreditando que um dia acontecerá, fará com o tempo que o que eu desejo se materialize na minha vida exterior!

3

O Poder de Retratar o Que Você Quer!

Quando percebi pela primeira vez que estava atraindo experiências infelizes para mim mesmo pela espécie de pensamentos que tinha, isso me abalou de verdade. Até então, eu, como muitos outros, culpava os outros e forças e condições externas pelos apuros em que me via. Eu sabia apenas que não tinha sido responsável pelo que me acontecia, e fingir que não era condenável me ajudava a mitigar minhas inúmeras mágoas. Mas, bem no fundo de mim mesmo, comecei a me perguntar se a maneira como pensava e sentia sobre as coisas, não teria alguma relação!

Se eu me levantava de manhã, deprimido e certo de que o dia ia ser mau, na maioria das vezes ele se revelava um mau dia. A princípio pensei que estava "psíquico", que era capaz de dizer com antecedência o que ia acontecer. Levou muito tempo, e engoli muitas punições desnecessárias até descobrir, como já disse, que "os iguais se atraem" na esfera espiritual, e que eu estivera criando o que me acontecia devido ao meu raciocínio errôneo.

Olhando à minha volta, vi homens e mulheres felizes a quem estavam acontecendo coisas boas. Levantavam de manhã esperando coisas boas — e as coisas boas aconteciam!

Às vezes essas pessoas felizes passavam por experiências infelizes, mas observei que elas não permitiam que essas experiências as derrubassem. Levantavam-se no dia seguinte esperando que acontecessem *mais* coisas boas, e efetivamente *mais* coisas boas aconteciam!

Antes que se desse o meu despertar, sempre me admirava com isso. Eu até me indignava. Por que uma simples atitude mental diferente haveria de fazer tanta diferença?

Eu não sabia naquele tempo que existe no mundo uma força poderosa que os cientistas chamam de eletromagnetismo. Eu não sabia que tudo no universo é eletromagnético por natureza, que as leis da atração e da repulsão agem eletromagneticamente: que, quando se assume uma atitude mental positiva ou negativa, tem-se um resultado positivo ou negativo; que na vida as coisas não existem como um acidente, que tudo acontece de conformidade com *as leis de causa e efeito.*

Leia e releia o parágrafo precedente! Absorva bem esses fatos para que nunca mais os esqueça, porque têm o poder de transformar-lhe a vida!

Não há nada de novo no que lhe estou dizendo a não ser que talvez seja novo para você. Esta mesma mensagem tem sido escrita e divulgada milhares de vezes.

Os homens mais sábios de todos os tempos, os "feiticeiros", os líderes religiosos, os grandes mestres, os sacerdotes maias, os iogues, os curandeiros e milagreiros, todos conheceram este segredo. Alguns lidaram, com ele de um modo, outros de outra maneira.

Retratavam na mente e no coração o que queriam — e o que retratavam realizava-se.

Moisés *retratou* que conduziria seu povo à Terra Prometida: Alexandre o Grande e Napoleão *retrataram* grandes conquistas; Washington *retratou* a vitória da independência para as Treze Colônias; Lincoln *retratou* libertação dos escravos e a preservação da União; Benjamin Franklin *retratou* a captura do raio por meio de um papagaio como meio de provar que a eletricidade e o raio têm a mesma força; Edison *retratou* a luz elétrica, o cinema, o fonógrafo, o trem elétrico e inúmeras outras grandes invenções; Steinmetz *retratou* novas aplicações para a energia elétrica; Barnum *retratou* "o maior espetáculo da terra" — um circo capaz de viajar em redor da Terra por estrada de ferro; Roosevelt *retratou* arrancar seu país da sua pior crise; Eisenhower *retratou* comandar as Forças Aliadas para uma vitória da Segunda Grande Guerra sobre a Alemanha e o Japão; Einstein *retratou* o desenvolvimento de uma fórmula que explicaria o funcionamento das forças fundamentais do Universo; Churchill *retratou* a Inglaterra sobrevivendo à sua "hora mais negra" e projetou este retrato nos espíritos e nos corações de todos seus compatriotas tão forte e intensamente que eles repeliram os ataques mais selvagens e devastadores de toda a história, para salvar o mundo livre.

Esses foram grandes quadros por homens inspirados e eminentes, e todos esses quadros, nutridos com firmeza no espírito e transformados em ação, foram levados a cabo pela fé, energia, coragem e constância de cada indivíduo.

Esses homens, e muitos semelhantes a eles, foram apenas seres humanos como você. Se eles souberam e puderam realizar, você também pode.

PARE! PENSE! REFLITA!

O que é que tornou grandes esses homens? É que eles se retrataram conseguindo! Ousaram retratar grandes realizações. E a força interior, recebendo esses retratos para ativar, acabou dandolhes forma.

Você tem de *pensar* grande para *ser* grande. Um homem é feito de pequenos pensamentos. Ele não pode permanecer pequeno e pensar GRANDE!

REFLITA UM INSTANTE!

De onde vieram o barco a vapor, a locomotiva, o automóvel, a luz elétrica, a máquina de escrever, a máquina de costura, o aeroplano, o rádio, a televisão, as naves espaciais e um milhão de outros objetos e aparelhos? Todos foram pensamentos ou retratos mentais nos espíritos dos homens antes que essas coisas se tornassem realidade. Tudo nesta terra, exceto o que a natureza criou ou proporcionou, é resultado do pensamento obstinado.

Se tirarmos deste mundo tudo o que foi criado apenas pelo pensamento, não sobrará nada além da selva primitiva. Esta é a maneira mais rápida e mais vívida de lhe dar um entendimento do que a mente do homem já fez.

Quando a verdadeira história da evolução do espírito for escrita, será a maior, a mais emocionante história de todos os tempos, porque cobrirá todos os tempos e toda fase de experiência humana.

Essa história contará que os homens precisaram de milhares e milhares de anos para emergir das profundezas da ignorância, da superstição, do medo, do preconceito, da mitologia e dos conceitos errôneos.

Falará nos grandes pensadores como Galileu, que acreditou, como Copérnico, que a Terra gira em volta do Sol — foi obrigado pela Inquisição a renegar suas afirmações e foi proibido de publicar seus eruditos livros. Que vergonha sentimos rememorando essas perseguições da Igreja a homens que ousaram procurar a Verdade apesar das doutrinas e decretos em vigor.

A história do espírito humano honrará Charles Darwin, cujo estudo profundo das plantas e dos animais resultou no seu célebre *A Origem das Espécies* que abalou o mundo, no qual antecipou a teoria da evolução. Credite-se à moderna teologia a fato de que a obra de Deus, através da evolução, é agora reconhecida por muitas seitas religiosas.

A marcha majestosa do tempo através das idades tem visto o espírito do homem desenvolver poderes que ele mal imaginava durante seus primeiros dias na terra.

A PROVA DE QUE O HOMEM É MAIS DO QUE ANIMAL

O fato de a criatura humana ter sido capaz de subsistir através dos séculos na luta contra todas as formas de vida, e apesar das desumanidades para com seu próximo, é uma prova de que ela possui poderes superiores dentro de si. O homem é um verdadeiro deus em formação, embora revele, com freqüência ainda demasiada, tendências diabólicas.

É o poder interior que o homem possui, além e fora de qualquer outra criatura viva desta terra, que lhe tornou possível progredir até seu atual estado de desenvolvimento e conhecimento.

O poder interior ergueu o homem acima de todos os outros animais. Embora possa haver inteligência superior em outros planetas e em esferas mais elevadas do ser, está provado que o homem tem dentro de si potencialidades ilimitadas para um desenvolvimento futuro. Ele está apenas no jardim da infância de suas oportunidades para se expandir e realizar; elas serão aproveitadas quando ele aprender a viver em paz e cooperação com o seu próximo. Ele está agora aprendendo esta lição penosa. Mas tenho fé em que ele a aprenderá. Tenho fé neste imenso poder interior, maior do que o homem, de que ele está tendo cada vez mais consciência — "essa coisa qualquer" que pode e virá com o tempo libertá-lo de seus temores, ódios e preconceitos, dando-lhe uma tal compreensão de si mesmo que ele será capaz, por sua vez, de compreender os outros.

Sempre se percebe quando um homem ou uma mulher está utilizando o poder interior de sua vida. Tais pessoas avançam com a consciência desse poder, que está dentro e por trás de cada pensamento e ação seus. Elas são equilibradas, seguras de si, corajosas, desinibidas e têm expressão magnética. Sabem aonde vão e como chegar lá. Retrataram seu futuro e caminham resolutos e convictas para ele. Têm um espírito contagiante. Tendem a arrastar-nos com elas, a impelir-nos para que nos esforcemos mais a bem de nosso próprio interesse. Essas pessoas são os *planificadores* e os *realizadores* do mundo. A grande massa de seres humanos irrefletidos segue-lhes a esteira.

Você lidera a massa, ou faz parte dela? Se você é um dos que seguem os outros, ainda não descobriu "essa qualquer coisa" que há dentro de você. Para ser um líder, para ser capaz de desligar-se da massa seguindo uma linha própria de trabalho, ou de interesse ou de expressão humana, precisa saber apelar para o poder interior. É absolutamente indispensável. Você nada poderá fazer sem isso.

A lei da atração só lhe proporcionará o que você *retratar.* O poder criador interior tem de ser *magnetizado* pelo que você visualizar para ele fazer.

RETRATE! RETRATE! RETRATE!

Esta é a ordem simples que leva à realização. *Retrata! Retrata! Retrata!* Tenha certeza de que vai retratar, o que *realmente* quer e não revelar retratos de medo e angústia, que farão com que esse poder interior crie para você o que você não quer.

O que retratar acontecerá se você o retratar demoradamente, com bastante clareza e confiança. Repetirei muitas destas declarações freqüentemente, de maneiras diferentes, porque quero que elas fiquem indelevelmente gravadas na sua consciência.

Os homens e mulheres vitoriosos de todo o mundo nunca perdem de vista os seus *retratos.* Continuam lembrando à sua força criadora o que desejam da vida, de maneira que ela continuará atraindo tudo de que precisarem para materializar o que retrataram.

EXEMPLO DE PODER DE RETRATAR

Há alguns anos, conheci em Nova York um rapaz bem parecido de nome Bob. Contou-me que ambicionava ir para Hollywood, a fim de tentar carreira no rádio e no cinema. "Mas," disse ele, "tenho pouco dinheiro e não tenho relações. Nestas circunstâncias, o senhor acha loucura eu ir lá?"

Respondi: "Bob — vou fazer-lhe uma pergunta. Você tem fé em você mesmo e no poder de TNT que há dentro de você?"

Ele sorriu e respondeu: "Claro que tenho. É Só isso que eu tenho."

Minha resposta para ele foi: "Se você tem isso — Se retratar o que quer e tem vontade de despender o esforço para consegui-lo, é só o que você precisa."

Bob viajou de carona para Hollywood. Chegou com oito dólares no bolso, percorreu os estúdios de rádio e de cinema, porém por toda a parte recebia a habitual resposta hollywoodense: "Lamento, você não tem experiência ou fama suficiente."

Mas ele continuou retratando para si mesmo uma base em que se firmaria, num lugar qualquer, de um modo qualquer — aceitando qualquer tipo de emprego para penetrar na profissão. Tinha confiança em que, se fizesse um contato apenas, poderia revelar-se, demonstrar sua capacidade.

A oportunidade continuava não aparecendo; então Bob isolou-se uma noite e examinou sua situação. Para poder agüentar, tinha de achar um meio de ganhar dinheiro. Procurou lembrar-se do que já teria feito em sua vida que agora pudesse capitalizar. Teria alguma experiência antiga que pudesse transformar em dinheiro? Bob entregou este problema a seu poder mental e resolveu dormir sobre ele. Sugeriu a si mesmo que acordaria de manhã com uma idéia que lhe poderia ser proveitosa.

Quando a manhã chegou, ali estava a idéia! Retrocedeu na memória à pequena padaria do pai na Pensilvânia. Lembrou-se das magníficas roscas que o pai fazia — mas enquanto via estas roscas com os olhos do espírito, viu-as tomarem a forma de monogramas e iniciais de famosas estrelas do rádio e do cinema

Era ISSO! Uma idéia lucrativa! Uma idéia que também lhe daria motivo legítimo para entrar em contato pessoal com as pessoas mais importantes do campo do entretenimento!

Bob não perdeu tempo em ir visitar o proprietário de uma padaria de Hollywood. Fez-lhe uma proposta: se o padeiro quisesse fazer as roscas sob encomenda, em forma de monogramas e iniciais de atores, atrizes e produtores, ele Bob, visitaria suas casas e seus escritórios para vendê-las!

O padeiro gostou muito da engenhosa idéia de Bob, e Bob pôs mãos à obra. Não demorou muito para que muitos coquetéis em Hollywood apresentassem roscas com os monogramas e iniciais de grandes astros. Mas, como os procurava pessoalmente e eles começaram a interessar-se por ele, pôde vender muito mais do que roscas — vendeu a si mesmo e a seus serviços a alguns dos astros, entrando para as suas equipes de produção. Isso culminou com uma oferta da Columbia Broadcasting System, onde encontrou oportunidade de trabalhar em diversas seções e conseguir um lugar para si mesmo. Não demorou muito para Bob galgar o cargo de produtor de um programa de rádio, e logo se tornou agente, representando muitos artistas.

Mas, a essa altura, com a fé no poder interior de TNT solidamente arraigada, começou a retratar o tipo de moça com quem queria casar. Dali a poucos meses, viu a verdadeira imagem da moça que tinha em mente — o retrato de uma linda e jovem atriz olhava para ele de uma capa de revista!

Apaixonou-se à primeira vista por essa moça e começou a retratar-se encontrando-se com ela e impressionando-a bem. Isto aconteceu finalmente numa festa em Hollywood, mas Bob ficou sabendo, pelo acompanhante da moça, que ele, o acompanhante, pretendia casar-se com ela.

Isto foi um golpe para Bob, mas ele não mudou o retrato. Pouco tempo antes tinha visitado uma curiosa igrejinha das Missões — com cento e vinte anos — em Palo Alto, Califórnia; no momento em que penetrara nela havia dito: "É aqui que eu vou me casar!"

Nesse tempo ele não tinha a moça na idéia. Ainda não sabia nem que ela existia nem tinha visto a sua fotografia na capa da revista. Mas, depois que Bob viu o retrato, começou a imaginar seu casamento com a moça dos seus sonhos, aquela linda jovem atriz que começava a ser o comentário de Hollywood, e viu, com os olhos do espírito, a realização de seu casamento na velha igreja das Missões. Viu os dois, lado a lado, fazendo as promessas...

Um dia, depois do seu breve encontro na festa, Bob entrou no restaurante Brown Derby e deu com a moça, almoçando sozinha, Percebeu imediatamente que o poder do TNT lhe estava dando a oportunidade de se conhecerem melhor.

Quando deixavam juntos o restaurante, a bela jovem atriz parou diante de uma biblioteca de empréstimos e olhou cobiçosamente para uma série dispendiosa de livros originais de Dickens. Isto deu uma idéia a Bob. Faltavam poucos dias para o Natal. Comprou dois exemplares de edição prínceps de segunda mão e mandou-as de presente para ela.

Ela telefonou para agradecer, ele marcou um encontro — e sete semanas mais tarde, casavam-se na velha igrejinha das missões — *exatamente como Bob havia retratado!*

Quem era a moça? Ela tem de permanecer no anonimato porque tanto ela como Bob desejam que a identidade de sua experiência romântica fique em segredo. Todavia se pudesse mencioná-la poderíamos identificar o seu nome como uma das melhores atrizes do palco e da tela do país. Hoje, ela e Bob formam um dos casais mais felizes de Hollywood. Cada palavra que foi relatada aqui é verdadeira.

Então, conseguiu compreender suficientemente a operação de seu espírito para aceitar o fato de que um dia você CONSEGUIRÁ, de uma forma ou de outra, AQUILO QUE você retratou?

Seu poder de TNT não discutirá sua ordem. Entregará o que você desejar, ou o que você temer, sem qualquer contrição de que seja bom ou mau para você.

Isso VOCÊ é que vai resolver — você é quem manda. O TNT, o PODER que há dentro de você, é seu CRIADO. Ele fará sempre o que você mandar.

PENSAMENTOS PARA INCORPORAR EM SUA VIDA

Reconheço e aceito o fato universal de que tudo acontece de conformidade absoluta com as leis de Causa e Efeito. . .

Que eu estabeleço causas definidas pelo tipo de pensamentos que faço, que levarão eventualmente à produção de efeitos semelhantes. . .

Que em toda a história, os grandes homens e mulheres vêm conduzindo estas leis por meio do retrato que fazem de si mesmos alcançando determinados objetivos valiosos. . .

Que essas pessoas eminentes, no passado e no presente, utilizaram o mesmo poder criador do espírito que eu possuo. . .

Que, pela utilização inteligente deste poder, posso realizar, dentro da razão, tudo que eu desejar fazer, ser ou ter na minha vida.

4

Qual o Retrato Que os Outros Têm de Você?

Quando você olha no espelho, você só vê o seu exterior. Isto muitas vezes é demasiado revela dor. Conforme a sua idade, você vê linhas e expressões no seu rosto, reflexos das experiências que teve, ou está tendo, que se vêem por baixo dessas linhas.

Você não pode esconder por muito tempo um medo ou uma preocupação torturantes, uma perturbação mental ou emocional, uma tensão nervosa do corpo e do espírito, uma sensação de inferioridade ou de inadequação, uma falta de interesse ou de disposição pela vida, uma aversão aos outros. Todos estes sentimentos dirigem-se para a superfície e são expressos por diversos pensamentos e ações que deixam a marca na maneira como você encara não só a você mesmo como também aos outros.

Já é bastante difícil achar coragem para examinar a si mesmo, seus erros e fraquezas; mas tentar, ao mesmo tempo, "ver a si mesmo como os outros o vêem", exige realmente coragem;

Não há outra palavra para isso. Nenhum de nós quer ser ferido, muito menos ferir a nós mesmos, se for possível evitar. Mas às vezes é necessário ferir a nós mesmos a fim de nos ajudar e nos proteger contra um ferimento ainda pior. Aí é que entra a coragem!

Depende muito do que os outros pensam de nós — o tipo de imagem mental que eles têm de nós. Geralmente, não prestamos muita ou nenhuma atenção ao tipo de imagem que criamos de nós mesmos — tratamos apenas de viver, agindo e reagindo às experiências da vida nos nossos contatos com os outros, amigos ou parentes, deixando que as "fagulhas" caiam onde quiserem. Mas algumas dessas "fagulhas", sob a forma de nossas atitudes mentais e nossas ações, podem nos fazer tropeçar.

Sempre lembrarei com remorsos uma época em que, rapaz ainda, gostava de querer ser mais espirituoso do que as pessoas que ficava conhecendo. Em festas ou em reuniões de amigos, se alguém dizia alguma coisa inteligente, eu tentava dizer alguma coisa um pouquinho mais inteligente — ou mais engraçada. As pessoas geralmente riam, e eu tinha uma sensação de *superioridade* em ser a "vida" da festa, em arrebatar o sucesso dos outros. Algum tempo depois, porém, percebi que os amigos, pareciam sentir-se constrangidos em minha companhia e que começavam a me evitar. Isto começou a me preocupar e perturbar, e ainda assim era tão pateta que não atinava com o motivo.

Por fim, resolvi procurar um amigo mais velho, para confiar-lhe e perguntar-lhe sem rodeios o que estava acontecendo comigo — o que estava fazendo que as pessoas pareciam não gostar.

Esse amigo examinou-me alguns instantes antes de falar. Por fim perguntou : "Você tem certeza de que quer mesmo saber?"

"Tenho", respondi. "Eu não teria vindo procurá-lo se não tivesse."

"Está certo", disse meu amigo, escolhendo as palavras com cuidado. "Isto talvez o magoe — mas você criou o costume de procurar ser inteligente demais. Você parece querer sobrepujar o que qualquer pessoa diz, seja o que for. Você não deixa aos outros nenhum mérito pelas observações que fazem. Você parece um ator sempre tentando roubar as cenas de todos no palco — e naturalmente as outras pessoas não gostam disso. Elas se irritam com você sempre querendo ser o maioral à custa delas!"

Foi de aniquilar, mas eu tinha pedido isso. Meu amigo me havia avisado que o que me ia dizer me magoaria. Ainda sinto a picada da sua crítica. Por que eu não vira o que estivera fazendo comigo mesmo com esses atos? Por que não pudera compreender que todos gostam de um pouco de atenção, um pouco de aprovação, um pouco de apreço — e que ninguém gosta de alguém que só pensa em si, o tempo todo?

Foi para mim uma experiência penosa, mas alegro-me que tenha acontecido no princípio de minha vida. Desde aquele tempo, quando alguma coisa não vai bem, quando não consigo dar-me bem com os outros, ou quando julgo que fui destratado, sempre procuro isolar-me e fazer um exame, procurando "ver-me como me poderão ver os outros." Pergunto-me em seguida o que posso ter feito, consciente ou inconscientemente, que possa ter contribuído para me trazer uma experiência infeliz.

Invariavelmente, tenho percebido que fui total ou parcialmente culpado. Sempre sinto um alívio quando descubro isso, porque sei que poderei corrigi-lo de um modo qualquer. Ponho-me imediatamente em ação, corrigindo atitudes e atos meus que tiverem magoado os outros. Essa atitude pode ferir, mas não tanto quanto feriria se eu tivesse de esperar que meus erros crescessem tanto que todos os ficassem conhecendo — e estariam me causando grande dano pessoal.

Nesse sentido, mas de natureza um tanto diferente, outro fato me ensinou uma amarga porém valiosa lição. Acho que devo contá-lo porque uma experiência como esta pode da mesma maneira acontecer a você, e talvez tenha acontecido. Nenhum de nós é perfeito, é perfeitamente óbvio, e é muito fácil o nosso ego se encher de orgulho de vez em quando.

Tinha voltado à cidade de Marion, Indiana, onde tinha começado minha carreira de escritor, como repórter do diário *Marion Chronicle*. Ia ser orador convidado num banquete patrocinado pela "Junior Chamber of Commerce", da qual tinha sido membro anteriormente. A essa altura eu tinha conquistado renome nacional como autor de histórias esportivas para rapazes. Devido ao fato de ter escrito dois romances baseados nas proezas do time de beisebol de Marion High School, estava sendo homenageado.

Mais ou menos uma hora antes do banquete, vários amigos de Marion me convidaram para jogar boliche. Entre eles, estava Walker Farr, campeão do jogo de Marion. Não jogava havia anos e embora comumente jogasse melhor do que as marcas normais, eu não me comparava, de jeito nenhum, com Farr. Mas nessa noite, de repente fiquei "quente". Atirava a bola no ponto exato da cancha e ia derrubando uma baliza atrás da outra. A princípio. Farr divertia-se com a minha sorte, assim como os outros. Mas depois, à medida que minha veia continuava e ele começou a ficar para trás na contagem, a competição passou a ser séria. Era incrível mas terminei com uma contagem que ainda recordo, uma das mais altas que jamais consegui em boliche — 263!

Os amigos de Marion caçoaram com Farr por essa derrota que sofrera. Farr encarou o fato com jovialidade, e, no melhor bom-humor, deixamos a cancha de boliche e fomos para o banquete. Se o assunto tivesse morrido nesse ponto, tudo teria ido bem.

Infelizmente, a minha vitória me havia "subido à cabeça". Quando fui solicitado a discursar, não pude resistir a uma pequena caçoada com Walker, nos meus comentários iniciais. No próprio momento em que principiei, compreendi que cometera um erro, que não podia dar ênfase ao comentário de modo que parecesse divertido, sem ofender. Mas, uma vez lançado no ássunto, tinha de prosseguir, com um sorriso glacial no rosto, enquanto todos que estavam no banquete agitavam-se constrangidos. Espiei o rosto de Walter Farr. Estava escarlate.

Eu deveria ter parado e pedido desculpas nesse momento. Mas quando nos vemos no meio de uma falta embaraçosa, geralmente procuramos livrar-nos dela o mais depressa que podemos, e foi o que eu fiz. Larguei o que deve ter soado como fanfarronice e ataquei a parte principal de minha palestra, mas essa também ficou desinteressante, É claro que aquilo me pareceu muito pior do que os amigos bondosamente acharam. Hoje, depois de todos esses anos — desencavando esta experiência do meu subconsciente e ressuscitando-a pelo possível valor que terá para você sinto fundas pontadas de remorso.

Como pude fazer uma coisa assim? Como pude ser tão mal-educado, e diante de um auditório de antigos conterrâneos amigos? Como pude deixar meu ego abafar-me? Mas aconteceu — e não porque eu não soubesse que isso não se fazia. O que prova que, não obstante o conhecimento que possamos adquirir, sobre nossas mentes e emoções, temos de estar alerta! Aprendemos com a experiência da vida todos os dias de nossa existência na terra. Isto é, aprendemos se quisermos aprender e aceitar as lições que as experiências como essas que contei puderem ensinar-nos.

Não se consegue qualquer propósito construtivo erguendo suas defesas contra imagens errôneas que você imagina que os outros tenham em mente contra você. Nem há proveito em irritar-se com eles ou detestá-los por isso, ou fingir que não liga a mínima ao que pensam de você.

Nos tempos atuais, quase todo o indivíduo é registrado, seja por motivos de crédito, emprego ou previdência social, senão por motivos de crime!

Freqüentemente enviam-se questionários a seus amigos e relações, pedindo informações confidenciais sobre você. O que eles sabem sobre seu caráter, sua personalidade, seu comportamento, sua credibilidade, sua situação econômica, sua religião, seu clube e sua sociedade de beneficência, suas atividades no meio social e assim por diante.

Essas interrogações levam as pessoas a rememorar a imagem mental completa que têm de você, de que maneira você as impressionou nos contatos que tiveram com você.

Pergunte a você mesmo o que a maioria delas diria a seu respeito hoje.

Se a sua análise impessoal sobre você mesmo lhe disser que a imagem que está transmitindo aos outros não é o que deveria ser, ponha mãos à obra. Espero, rezo e acredito que não terei de repetir os erros que cometi no passado. Posso ser tentado, sob diferentes circunstâncias prementes, a recair nas antigas formas de raciocínio e de ação, mas sugeri a mim mesmo que me darei conta imediatamente dessa recaída e que interromperei qualquer repetição ou novo erro antes que comece!

Você pode fazer o mesmo!

Um dos homens mais sensatos que conheci, homem de elevado desenvolvimento mental e espiritual, disse-me um dia:

"Nunca, nem por um momento, esqueça isto: a *vida é um plano individual.* Não importa quanto você possa desejar, às vezes, transferir a responsabilidade de seus pensamentos e ações para os outros, ou fugir às conseqüências de certas ocorrências em que se viu envolvido, está vivendo num mundo de causa e efeito — um mundo em que nada realmente acontece por acaso — e é você quem estabelece por seu próprio raciocínio, seja ele mau ou bom, as causas das coisas que lhe acontecem!"

Tive a prova disto repetidamente na minha própria vida, e assim você também, basta admiti-lo a você mesmo. Mas quando fiz esta observação a alguns homens e mulheres, eles me responderam: "Isso é assustador. Você quer dizer que eu atraí o malogro, a carência financeira, a saúde precária, a aversão, a perda de amigos, a infelicidade..." E quando respondi a tais pessoas "Sim, se qualquer dessas situações recaíram sobre vocês, é a vocês mesmos que devem censurar", elas respondiam "Mas nós não *retratamos* essas coisas!"

Não, talvez não o fizeram, diretamente. Elas não se *viram* malogrando, empobrecendo, sofrendo esgotamento nervoso, tornando-se malquistas, perdendo amigos, acabando infelizes. Mas suas atitudes mentais eram expressas nesta espécie de raciocínio:

"Você não saberia mesmo que isto me aconteceria?"

"Não adianta tentar — eu simplesmente não posso!"

"Não quero conhecê-lo ou conhecê-la. . . sei que não vou gostar deles!"

"Isto aconteceu porque é o meu destino. Sempre saio perdendo. "

"Não me importa o que Fulano pensa de mim. Ele tem de me aceitar como sou."

"Sinto-me tão mal, gostaria de morrer!"

"Vou falir — não tenho saída."

É verdade, estou me sentindo bastante bem hoje — mas isso não quer dizer nada. É provável que amanhã esteja ruim!"

Não são maravilhosas estas sugestões? Você poderá imaginar, com o conhecimento mental que agora já possui, como *qualquer* desses pensamentos poderia atrair o bem?

Ao contrário, esta espécie de pensamento só pode trazer um resultado. Ainda assim, muitos de nós, distraidamente, em momentos de depressão emocional, expressam esses pensamenbos e depois se admiram por tantas ooisas malograrem em suas vidas, porque as pessoas não têm uma imagem melhor de nós e não nos apreciam melhor.

PREPARE-SE PARA ENFRENTAR QUALQUER COISA!

Portanto — faça um inventário de você mesmo. Como sabe, estamos, vivendo numa época aterradora — uma época espantosa. Para pessoas cujos espíritos não estão preparados, é uma época desnorteante, alarmante.

O ritmo da vida e dos acontecimentos está aumentando em passo rápido. As coisas se desenrolam quase depressa demais para o espírito do homem apreender. Manifestações cada vez mais abaladoras estão a caminho. Muita coisa que foi considerada impossível há poucos anos já foi realizada. Daqui em diante pode acontecer qualquer coisa — e é provável que aconteça!

Você precisa exercitar-se para ser mentalmente alerta, para manter uma mente aberta, para entrar em contato com o seu poder criador interior, a fim de se adaptar às mudanças que se aproximam, para que tenha o discernimento, a compreensão e a coragem de enfrentá-las e de lidar de maneira feliz e bem sucedida com as pessoas com as quais está ligada.

Você precisa aprender a perceber a verdade — a aceitar o que interessa à sua experiência passada, à sua razão, e à sua intuição — e a ter cautela no seu julgamento sobre todas as coisas com as quais não está familiarizado, até poder prová-las ou experimentá-las na sua vida.

Não lhe basta aprender as leis da mente. Você precisa aprender a *utilizar* sua mente de acordo com essas leis.

Você conhece o velho ditado: "A fé sem obras morre." Deve *trabalhar* com você mesmo se deseja desenvolver o poder criador que está dentro de você, a fim de que ele possa fazer por você o que fez e está fazendo para os outros.

Os homens e mulheres afortunados, no mundo, são os que sabem visualizar, eliminar seus temores e aflições, permanecer interiormente calmos e serenos sejam quais forem as circunstâncias, assumir uma atitude mental positiva e conservar a estabilidade emocional quando pressionados.

Este deveria ser o seu grande objetivo na vida — realizar uma meta semelhante. Será seu único guia e proteção neste mundo veloz de hoje.

ABANDONE TODOS OS RACIOCÍNIOS LIMITADOS!

Prepare agora a mente pondo de lado todo raciocínio estreito e limitado. Nunca mais volte a dizer que uma tarefa qualquer é impossível, por mais impossível que possa parecer no momento. Não restrinja nem agrilhoe o espírito por um raciocínio pequeno e prevenido. Liberte sua mente de sentimentos de rancor, antagonismo, ódio e reações emocionais semelhantes para com os outros. Tais pensamentos impedem-no de pensar com retidão, de obter a perspectiva certa para os outros e para você mesmo. Eles o impedem de progredir, impedem seu poder criador de trabalhar através de você.

Você pode suplantar os efeitos, que o raciocínio errôneo lhe causou. Mas para fazê-lo precisa conquistar controle emocional; precisa aprender a distender o corpo físico e tornar passiva sua mente consciente, colocando nela as imagens certas do que deseja. Precisa aprender a desprender o domínio que os erros passados, agora armazenados em seu subconsciente, exercem sobre você.

Uma vez que "os iguais se atraem" (estou repetindo isto mais uma vez!), o bem atrai o bem e o mal atrai o mal, e simples assim, mas você não, pode endireitar sem encarar o seu passado.

Os homens e as mulheres me dizem: "Mas eu estou tentando esquecer o meu passado!"

Infelizmente, a mente não age dessa maneira. O que ela leva para a consciência, aí fica retido, a menos que você, por meio de um ato de reconhecimento, determinação, ou vontade, mude o quadro ou o abandone!

Quantas vezes você se perturba com alguma coisa que alguém faz ou diz? Você acumula o quadro de cada incidente e cada sentimento na sua mente.

Quando você pensa nessa pessoa, evoca os mesmos sentimentos contra ela, até superá-los. Se não os modificar, eles existirão como irritações na sua consciência. As irritações podem refletir-se em alguma doença, ou numa experiência humana infeliz.

Você quer dizer que essas irritações passadas atraiam distúrbios semelhantes no seu futuro? Então trate de eliminá-las da sua consciência.

Você se conhece melhor do que qualquer amigo íntimo ou parente jamais conheceu. Você pode ter conseguido disfarçar os seus verdadeiros sentimentos e pensamentos para os outros; mas sabe, bem lá no fundo, o que na verdade pensa e sente sobre qualquer coisa ou qualquer pessoa. Se esses pensamentos e sentimentos não forem bons, apresse-se a *torná-los* bons — porque pode ficar certo de que os outros, mais tarde ou mais cedo, perceberão essas atitudes, se já não as tiverem percebido!

Perdoe os outros pelo que tiverem feito a você. Admita sua parte de culpa. Não conserve ressentimentos, rancores ou ódios. Eles lhe envenenam a mente e o corpo, transtornando-lhe o físico, tornando-o vulnerável a todos os tipos possíveis de males e doenças. Atualmente os médicos atribuem doenças como a artrite, a asma, o reumatismo, a zona-zóster, algumas formas de epilepsia e muitas outras doenças a distúrbios nervosos e emocionais. Descobriu-se até que muitas pessoas que têm câncer poderão retardar-lhe a marcha se puderem controlar as emoções e manter uma atitude otimista e destemida a respeito dele.

"Essa qualquer coisa" da mente tem um poder ilimitado para dominar, para curar, para criar, para atrair — uma vez que você aprenda a utilizá-la.

O desenvolvimento desse poder compete a você. Está disposto a propiciar o esforço? Se estiver, acompanhe-me de capítulo em capítulo, decorando e aplicando. . . decorando e aplicando. . . e quando alcançarmos o término desta viagem juntos, você terá a resposta para seus problemas e estará no seu caminho vitorioso e feliz — *sozinho*.

PENSAMENTOS PARA INCORPORAR NA SUA VIDA

Para benefício do meu próprio aperfeiçoamento, farei todos os esforços para me ver como os outros me vêem.

Quando perceber que disse ou fiz alguma coisa que magoou outra pessoa ou que foi incompreendida, procurarei essa ou essas pessoas para pedir desculpas ou fazer o que for necessário para reparar e corrigir qualquer "imagem errônea" minha.

Estarei constantemente prevenido contra sugestões destrutivas que possam atrair para mim experiências nocivas ou infelizes.

Recusar-me-ei a conservar em minha mente quadros odientos, rancorosos ou perturbados contra os outros, sabendo que eles só podem ocasionar irritações físicas e espirituais que trarão mau resultado.

Perdoarei aos outros pelo que me fizerem e aceitarei minha parte de censura ou responsabilidade, na certeza de que algum bem me virá da experiência.

5

Como Eliminar os Retratos Incorretos de Sua Mente

Se você pegasse sua máquina fotográfica e saísse tirando fotografias de tudo o que visse ou soubesse e de cada fato de que participasse, durante um dia inteiro, tivesse ou não algum valor para você, conseguiria a mais absurda miscelânea de fotografias imaginável.

Você não saberia o que fazer com a maioria delas senão jogá-las fora — livrar-se delas o mais depressa possível para não atravantarem o recinto independentemente do que lhe tivessem custado em tempo, esforço e dinheiro.

Você percebe que está fazendo isso com a sua mente permanentemente? Você está exercendo pouca ou nenhuma seletividade na projeção dos quadros mentais que seu espírito vai registrando incessantemente de tudo o que você vê, ouve, em todos os momentos em que está desperto!

Você está absorvendo tudo, os quadros maus com os bons, armazenando-os no banco de sua memória, juntamente com os sentimentos que experimentou ao mesmo tempo.

Se você tiver tido uma alteração com um vizinho, com um sócio, ou com um membro da família com palavras acaloradas, suas impressões e sentimentos ficaram automaticamente registrados. Pode provar isso a você mesmo rememorando-os agora mesmo — as imagens mentais do acontecido saltarão imediatamente do armazém de sua memória e se desenvolverão aos olhos do seu espírito. Não apenas isso, como você terá consciência dos mesmos sentimentos — tal como quando você vê novamente um filme sonoro.

Este mecanismo registrador do seu espírito pode ser comparado a um "video tape" que se desenrola para trás até o momento de seu nascimento, quando você sorveu o primeiro hausto de ar fora do útero de sua mãe, e deu seu primeiro vagido!

Realmente, isto foi demonstrado por hipnotizadores que fizeram os pacientes voltarem ao momento de seu nascimento — algumas dessas pessoas foram capazes de descrever sentimentos relativos ao momento de sua chegada a esta terra. Muita coisa do que você atualmente não consegue recordar está guardada na memória, não só sua infância mais remota como muitos acontecimentos subseqüentes, tão trágicos ou desagradáveis que no seu subconsciente você expulsou e procurou esquecer ou evitar lembrar para sempre.

Essas experiências indefinidas e inexplicadas estão retendo você em muitas áreas de sua vida. Para percebê-lo, você precisa compreender que em geral a mente funciona por meio da associação de uma idéia ou assunto a outro.

Por exemplo, se você está longe de casa e ouve um gato miar ou um cão latir, talvez pense no seu gato ou no seu cão, ou relembre algumas experiências que possa ter tido com ele, ou mesmo sentir afeição por ele.

Alguém lhe conta um acidente de automóvel que sofreu, e você, por solidariedade, lembra-se imediatamente de um acidente que sofreu, e passa a contá-lo.

Tudo isso está de acordo com a lei mental que venho destacando: "os iguais se atraem" no reino do espírito!

VOCÊ É O QUE VOCÊ PENSA E SENTE

Ora, eis aqui uma coisa que você pode não ter observado: a soma de todos os seus pensamentos e sentimentos em apreço, rememorados ou esquecidos, fez de você o que você é hoje!

As experiências que tiveram o efeito mais profundo em você determinaram a sua atitude mental e emocional para com as coisas. Vamos tomar uma ilustração:

Se quando criança você foi assustado por um cão que pode tê-lo mordido, você pode pedir à memória o quadro mental do que aconteceu e pode até reviver o que sentiu no momento em que o cão o mordeu. É claro que sua memória, depois de tantos anos, não será tão viva quanto era pouco depois de você passar por essa experiência, mas é suficientemente forte para lhe provar que o quadro mental e o que sentiu na ocasião *ainda estão aí!*

Ora! se a experiência criou em você medo de cães — a menos que tenha feito alguma coisa para vencer esse medo — você continuará tendo medo de cães sempre que se aproximarem de você ou parecerem que vão mordê-lo.

Você pode imaginar então quantos quadros tristes de experiências passadas podem estar influenciando sua vida atualmente?

PROVE QUE PENSA POR IMAGENS!

Não obstante o fato de lhe ter repetidamente demonstrado que você pensa fundamentalmente em quadros mentais e não em palavras, sinto que devo "fazer uma parada" para lhe provar, uma vez por todas, que é assim — que esta operação de sua mente é fundamental, que você não pode fugir a ela, que você tem de viver com ela e por ela, e que o seu êxito e sua felicidade dependem de modo absoluto do que IMAGINAR para você na vida! .

Ouça isto:

O homem primitivo, antes de se inventar a linguagem, tinha apenas um método de comunicação com o seu próximo. Desenhava com carvão figuras toscas nas paredes de suas cavernas, ou talhava imagens na pedra. Quando voltava da caça, desenhava essas figuras de suas aventuras para que os membros de sua tribo compreendessem o que lhe acontecia. Gradativamente, os mesmos quadros passaram a representar a mesma experiência, e tomaram forma de símbolos. Puderam ser então abreviados, e a mais simples sugestão deles traria à mente do observador, por associação, os quadros ou experiências humanas representados pelos símbolos.

Com o tempo, os símbolos foram combínados para representar uma cadeia completa de incidentes, e finalmente tornaram-se as letras do primeiro alfabeto, quando o homem procurou os sons que se associaram a elas.

Assim nasceu a linguagem — e séculos mais tarde, a invenção da imprensa tornou possível a ampla propagação do saber que resultou na pretensa civilização que nós temos hoje.

PORÉM, com todo o desenvolvimento do homem — sua aquisição de línguas, seus métodos modernos de comunicação — seus PROCESSOS MENTAIS continuam não sendo diferentes daqueles do seu antigo antepassado, o HOMEM PRIMITIVO!

Você ainda *pensa* em QUADROS MENTAIS e sempre pensará!

Exemplo: Se eu lhe pedir para me contar a coisa importante que lhe aconteceu ONTEM, que é que você tem de fazer?

Terá primeiro, por um esforço de VONTADE, de recorrer à sua MEMóRIA para lhe fornecer QUADROS MENTAIS da experiência que você deseja descrever.

Depois, à medida que VÊ nos olhos do espírito, este quadro ou quadros seus vivendo a experiência de ontem, você põe em PALAVRAS o que está vendo e me faz a descrição.

Mas as PALAVRAS são apenas os símbolos sonoros do que aconteceu a você, portanto, enquanto eu ouço, tenho que transformar o que você diz em QUADROS MENTAIS em *minha* mente — a fim de VER a experiência que você teve.

É possível que agora você possa compreender melhor, que em qualquer troca de pensamentos você está basicamente fazendo a transmissão de *quadros mentais* de uma mente para outra, permanentemente — por meio da linguagem.

Você não pode pensar em NADA sem primeiro PINTÁ-LO na sua mente!

Já falamos no grande poder criador que existe como parte de seu subconsciente. Este poder é limitado somente pela *natureza* dos pensamentos ou quadros mentais que você lhe dá.

É através deste magnífico poder criador, como já disse, que o homem foi capaz de pôr no mundo todas as idéias e invenções que o ergueram da idade PRIMITIVA à idade atômica!

Nunca é demais repetir: *O que você pintar em sua mente*, se se unir ao poder criador interior; pode atrair para você tudo *que você temer ou desejar.*

O PODER CRIADOR É COMO UM MAGNETO

Dê ao poder criador um quadro vigoroso e claro do que quer, que ele se porá a trabalhar magnetizando as condições em torno de você — atraindo para você as coisas, recursos, oportunidades, circunstâncias e até as pessoas que você precisa, para auxiliar a passar para a sua vida exterior o que você pintou!

Você ainda tem dificuldade em acreditar nisso? Rememore a sua vida! Lembre-se dos tempos em que você vivia temendo que lhe acontecesse alguma coisa; ela acabava acontecendo. Talvez não o percebesse, mas esses quadros de temor impressionaram de tal maneira "essa qualquer coisa" interior, que você a induziu a atrair condições falsas para você e o tornou suscetível ao fato mesmo que você temia.

Como vê, este poder criativo interior não raciocina. Ele apenas fornece a você o que você encomenda sob forma de quadro mental, com fortes sentimentos de temor ou desejo por trás dele. É por isso que esse poder interior é TNT, tanto para você como contra você, conforme o que você pensar for, se construtivo ou destrutivo.

Pode agora entender com mais clareza como certos fatos tanto bons como maus aconteceram ao longo de sua vida? Este poder criador esteve servindo a você constantemente, e a espécie de resultados que você obteve dependeu da espécie de quadros mentais que você ofereceu a ele.

De que maneira sua vida se projeta sobre esta base? Tem sido preenchida, até agora, de experiências tanto infelizes como felizes? Se assim for, você quererá mudar isso depressa! E pode mudar imediatamente com uma mudança básica na sua atitude mental, superando os temores e aflições e substituindo-os por pensamentos positivos e confiantes.

Não há mais nenhuma dúvida (e nunca houve para aqueles que compreenderam a operação da consciência) de que "assim como você *pintar* em sua mente e em seu coração, assim você será!"

Mantenha sempre diante de você este grande fato. Que ele lhe domine o pensamento cotidiano. Examine-se, cada vez que se inclinar a ficar perturbado, mental e emocionalmente, e a armazenar no espírito quadros mentais infelizes e destrutivos. Você quer transmitir tais quadros para que seu poder criador trabalhe neles? Deseja que esses temores e desejos sejam magnetizados para que lhe atraiam experiências semelhantes? Se não, largue imediatamente essa espécie de quadros. Troque-os por outro melhor. Solte todos os sentimentos de medo ou de ressentimento, ou de ódio ou de inveja, sejam quais forem, e ponha no lugar o tipo certo de sentimentos e de atitudes mentais. Assim que você fizer isso, destruirá o poder que esses quadros falsos poderiam vir a ter sobre você.

SUBSTITUIR UM MAU QUADRO POR UM BOM QUADRO!

Há uma técnica para livrar-se dos maus quadros mentais, de temores, aflições e ódios passados e de outros pensamentos e sentimentos destrutivos.

Você tem que ter a coragem de se isolar com você mesmo para passar em revista sua vida passada, retrocedendo na memória ao tempo em que se originaram esses temores, aflições, ódios e sentimentos semelhantes. Por mais infelizes, desagradáveis ou trágicas que essas experiências possam ter sido, se tiverem deixado cicatrizes profundas na sua mente, que precisem ser apagadas ou libertadas, você tem de encará-las novamente no espírito.

O que você se prepara para fazer é criar um novo quadro mental, uma nova determinação na consciência, baseado no que agora você percebe que devia ter feito ou dito, na maneira pela qual devia ter reagido mental e emocionalmente quando enfrentou essa primeira experiência e outras iguais a ela que você pode ter atraído ao longo da vida. Se não puder lembrar-se da primeira vez em que sentiu temores, aflições e ódios, volte a atenção para as experiências de natureza semelhante que você RECORDA.

Pode ter certeza, se experimentou temor, aflição ou ódio em seu passado, ele ainda estará com você, a menos que você o tenha arrancado, assumindo uma nova atitude mental e emocional a respeito dele!

Você já teve a sensação de uma melodia lhe vir de repente à memória e repetindo-se insistentemente, apesar de todas as tentativas que você faz para se livrar dela? É uma sensação incômoda e desagradável, e pode ter sido causada por você andar ou fazer alguma coisa num determinado ritmo inconsciente que se ajusta ao "tempo" da canção. "Como os iguais se atraem", a canção salta para a consciência, do armazém de sua memória, e se sincroniza com o que você está fazendo e continua persistindo até você mudar o que está fazendo ou pensando ou sentindo, e depois *zip* — a melodia foi embora! Voltou para o fichário de sua memória, e não será sentida outra vez até que um outro ato ou pensamento associativo a faça reviver!

Outra maneira eficaz de banir uma melodia que se apoderou de sua consciência é pensar em outra melodia e começar a cantarolá-la para você mesmo, ou alto ou na sua mente. Você só pode ter consciência de um pensamento de cada vez, e esta segunda melodia, sobreposta à outra, em que você se concentrou, faz com que a primeira desapareça. Você perde a consciência ou a memória dela. Assim também, um pensamento ou quadro mental falso ou indesejado é retirado de sua memória com a substituição de um diferente pensamento ou quadro mental.

IMAGINE COISAS BOAS EM VEZ DE MÁS

Uma vez que você tiver desembaraçado seu epírito de falsos quadros mentais e reações emocionais, estará pronto para pintar com fé e segurança a realização de coisas boas.

A fé é o *acelerador* do poder criador, "aquela qualquer coisa" interior. Terei mais a dizer sobre ela mais tarde, mas você precisa acreditar que o que você pintar pode vir a acontecer. A dúvida destruirá seu quadro e desmagnetizará o poder criador de modo que você obterá um meio resultado ou resultado nenhum, ou até um resultado errôneo.

Pinte o que você desejar como se já tivesse sido realizado na mente. Veja-se *tendo* alguma coisa, *sendo* alguma coisa ou *fazendo* alguma coisa, como se fosse um fato consumado. Não tente pintar os passos peculiares que pensa dever dar, para chegar aonde quer ir. Sua mente consciente é tão limitada em sua operação — limitada pelos seus cinco sentidos físicos — que não pode saber qual o melhor passo que você deve dar ou a melhor direção que deve tomar. Mas sua mente subconsciente, "essa qualquer coisa" interior, não é limitada pelo tempo ou pelo espaço. Pode funcionar em todos os níveis e em todas as direções ao mesmo tempo, pondo-o em contato com todos os tipos de oportunidades e de pessoas dos quais você ainda nem sequer sabia, conscientemente.

Seja o que for, que você precisar para se ajustar ao molde de realização que tiver imaginado, será atraído para você pelo poder interior se você persistir na visualizaçãa do seu desejo sincero.

Esta é a técnica simples a seguir. Trará resultados infalíveis, na hora oportuna, se você dominar a arte de *pintar*.

VOCÊ É DO TIPO "VISUALIZADOR" OU DO TIPO SENSORIAL?"

Devo porém esclarecer que há dois tipos de mentes — a *visualizadora* e a *sensorial!* Se você acha difícil criar um quadro nítida nos seus olhos mentais do que você quer na vida, não se esforce na tentativa de consegui-lo. Você é provavelmente o tipo *"sensorial"*, então, a que você só tem a fazer é concentrar-se num ponto imaginário no quarto escuro de sua mente profunda e *sentir* que a que você deseja foi realizado na consciência, que só falta ser materializado pelo poder criativo magnético de seu mundo exterior. Você obterá o mesmo resultado que os que acham fácil visualizar.

O PODER SUGESTIVO DOS QUADROS

Como nós pensamos basicamente em *quadros,* somos influenciados não somente pelos quadros mentais que nossos espíritos registram, de tudo que pensamos, fazemos ou sentimos como também pelo que lemos, ouvimos e vemos no rádio e na televisão.

Lembre-se sempre: O *que um homem pode pintar em sua mente poderá, um dia, fazer ou conseguir na vida!*

Vamos aplicar esta verdade incontestável, por uns instantes, ao mundo da publicidade e ao mundo do entretenimento!

Que *espécie* de quadros estão sendo plantados nos espíritos dos leitores de jornais, revistas e romances, de ouvintes de rádio, telespectadores, e freqüentadores de teatro e de cinema?

Os pensamentos são objetos: são o mundo de amanhã em criação — agora!

A maior parte das criaturas humanas é mais regida por suas emoções do que por seu poder de raciocínio. Elas se deixam dominar habitualmente por seus *sentimentos.* Devido a isso, o que lêem, os programas de rádio que ouvem, os espetáculos de televisão que vêem, as peças de teatro e de cinema que recebem, têm IMPACTO instantâneo sobre suas vidas.

Você é membro de uma família humana e já percebe o poder do que sua mente aceita sob forma de quadros mentais.

Pergunte a você mesmo: "Que efeito mental e emocional tem sobre mim aquilo que estou vendo e ouvindo?"

Educadores, líderes espirituais e autoridades defensores da lei estão finalmente começando a demonstrar preocupação com a preponderância do sexo na publicidade e nos diversos meios de entretenimento, com a violência na tevê, com os filmes ordinários, com a pornografia em livros e revistas e a contribuição devastadora desses meios ao mau procedimento de jovens e velhos.

Os que desejam influenciar e controlar o raciocínio de grandes massas de povo conhecem o poder do *retrato*, sabem como suscitar sentimentos fortes a favor ou contra uma situação ou um tema, como fazer o indivíduo pensar o que eles querem que pense — a menos que esse indivíduo esteja alerta e cônscio dessa aproximação.

Você não é obrigado a aceitar os QUADROS que estão sendo bombardeados sobre você! Se sua mente estiver livre de temores e aflições, ódios e preconceitos e outros pensamentos destrutivos, identificará esses quadros falsos quando e onde forem encontrados, e você pode repeli-los — recusar-se a deixá-los tornarem-se parte de sua consciência.

Nunca é demais afirmar: Um pensamento *errôneo* plantado em sua mente resultará sempre numa ação *errônea* num instante qualquer do futuro, a menos que seja neutralizado por um pensamento *certo*.

Cada vez que você recebe um retrato mental errôneo de determinado desejo sexual, por exemplo, é reforçado por todos os desejos sexuais recalcados de igual natureza que já existem no seu subconsciente. Uma vez que, como já reiterei. "os iguais se atraem" este poder criador interior, agindo como seu servo dócil e obediente, criará um dia a oportunidade de você expressar desejo sexual por um ato físico.

Esta é a maneira como o seu poder criador funciona, sob qualquer condição, procurando transformar o que você lhe entrega sob forma de quadros mentais, bons ou maus, em reais acontecimentos da vida.

Que espécie de quadros você armazenou na mente? Há entre eles alguns que você não desejaria ver reproduzidos no seu mundo exterior? Alguns que não desejaria fossem conhecidos por seus amigos íntimos nem por seus parentes?

Há um grande perigo na utilização errônea do TNT, esse poder que há dentro de você. Não ligue o fusível com os quadros mentais falsos.

Uma pequena bola de neve, principiando sob forma de um temor sem importância, começa a rolar por uma colina. Continua aumentando em tamanho à medida que atrai mais temores ou desejos de igual natureza. Nas primeiras fases de sua expansão, poderia ser detida por um ato de vontade e a remoção da força desses temores e desejos que se acumularam por trás dela. Agora, porém, ela está ficando tão monstruosa que possui impulso próprio, e a pessoa que tentar refrear seu curso é tragada por ela.

Que espécie de bola de neve você está formando? A espécie certa ou a falsa?

Somente você é responsável pelo que pensa e pelo que sente sobre as coisas. O que você pensa e sente, multiplicado pelo que todos os outros deste planeta pensam e sentem, vai determinar não apenas o seu futuro, como o deles também!

Uma mudança no mundo deles e do seu começa com *você!*

PENSAMENTOS PARA INCORPORAR NA SUA VIDA

Compreendo que o que eu tiver experimentado na vida, desde o momento em que nasci, está agora registrado em forma de quadro mental juntamente com os sentimentos que tive na ocasião.

Para evitar atrair mais experiências infelizes de determinada natureza, devo retroceder na memória, fazer voltar à mente e eliminar os incidentes primitivos que, como os iguais se atraem, são a causa de experiências similares no meu presente.

A eliminação dessas causas é efetuada substituindo essas imagens infelizes e medrosas por quadros mentais positivos do que devo ter dito ou feito na ocasião.

Ao pintar o que espero realizar no futuro, devo visualizar-me como tendo já executado o que desejo fazer, ser ou ter — exatamente como se tivesse fotografado o objetivo concluído.

Estarei alerta em proteger-me contra qualquer pensamento ou quadro mental negativo que os outros possam manter a meu respeito.

Lembrarei sempre que a imagem que guardo de mim mesmo é de grande importância para minha felicidade e para meu êxito.

Essa poderia muito bem ser a sua conversação, um tanto exagerado, é claro, mas não muito. E que foi que você lucrou economizando uns minutos aqui e outros minutos ali? Não perdeu mais em consumo de energia física e mental do que lhe é aconselhável, em relação à sua saúde? Isso tudo se vai acumulando dia após dia.

Você engole suas refeições e começa a eructar de indigestão. Em vez de reduzir a velocidade, você procura uma aspirina ou uma cápsula de antiácido, e à noite toma sedativos, pílulas para dormir, possivelmente tranqüilizantes. Você não repousa *naturalmente*, você apenas se põe fora de combate, depois levanta-se, muitas vezes ainda grogue de manhã, e começa toda a corrida outra vez.

Mais cedo ou mais tarde, seu sistema principia a revoltar-se. Recebeu tanto castigo que já não pode mais servi-lo com eficiência. Você tem uma sensação de aperto na cabeça, uma dolorosa impressão de entupimento no nervo central da nuca, no estômago e no plexo solar. Você principia a imaginar se não estará criando uma úlcera ou preparando-se para ter um ataque, e até reflete que pode estar em vias de um esgotamento nervoso.

Que fazer? Duplicar os comprimidos de aspirina e a variada coleção de "tranqüilizantes", "laxantes" e "supridores de energia extra"? Ou procurar um médico ou um psiquiatra? Por fim você reconhece que tem de fazer *alguma coisa.*

A RESPOSTA PODE SER SIMPLES

Na verdade, em muitos casos, a única coisa que se precisa fazer é assumir a si mesmo, com a resolução de reservar uns momentos, todos os dias, para o objetivo específico de relaxar o corpo e o espírito.

É claro que esta é a teoria que está por trás das "pausas para o café" e dos "intervalos para o chá", ou uma coca-cola ou um copo de leite! Todas estas são "bebidas na direção certa", não desempenham a tarefa fundamental. Você pode conseguir alguns momentos de interrupção da "trituração" mas logo voltará a ela e talvez algumas baforadas de cigarro, de cachimbo ou de charuto, servirão de auxílio para a tensão. Conheço muitos homens e mulheres que ingurgitam rios de barbitúricos, várias vezes ao dia. Não agem, com as energias normais do corpo e não podem "dar partida" sem estimulantes ou sedativos exteriores.

Não pretendo com isto atacar a indústria de remédios, mas quanto menos remédios você puder dispensar, melhor você estará.

Está disposto a investir cinco a dez minutos no meio da manhã, no meio da tarde e à noite para executar um simples método de descansar o corpo e o espírito, que de tal maneira o revitalizará que você reduzirá sua necessidade de medicação ao mínimo?

Enquanto você resolve se pode ou não permitir-se este investimento, vou contar-lhe uma experiência que tive com um importante empresário, que não era capaz de tomar uma resolução.

O homem indispensável

Há algum tempo, no Meio-oeste, um amigo levou-me a conhecer o diretor geral de uma grande fábrica de automóveis. Explicou: "Tenho medo que o sr. Trent esteja a caminho de um esgotamento nervoso. Em seis meses sua fábrica duplicou de tamanho. Tem estado sob uma pressão crescente — quase não come nem dorme. Tenho muita esperança de que você poderá ajudá-lo."

Na manhã seguinte, às nove da manhã, quando entrávamos no escritório do sr. Trent e ele se levantava para me receber, o telefone tocou. Era uma ligação interurbana de uma fábrica sucursal de Toledo, Ohio. No momento em que colocou o fone no ouvido, seu rosto tornou-se lívido.

— O que? gritou. Você não recebeu a remessa? *Um momento!*

Apertou um botão de intercomunicação e chamou um chefe de seção.

— Que raio de coisa está acontecendo? perguntou. Aquela remessa ainda não saiu?

logo voltará a ela e talvez algumas baforadas de cigarro, de cachimbo ou de charuto, servirão de auxílio para a tensão. Conheço muitos homens e mulheres que ingurgitam rios de barbitúricos, várias vezes ao dia. Não agem, com as energias normais do corpo e não podem "dar partida" sem estimulantes ou sedativos exteriores.

Não pretendo com isto atacar a indústria de remédios, mas quanto menos remédios você puder dispensar, melhor você estará.

Está disposto a investir cinco a dez minutos no meio da manhã, no meio da tarde e à noite para executar um simples método de descansar o corpo e o espírito, que de tal maneira o revitalizará que você reduzirá sua necessidade de medicação ao mínimo?

Enquanto você resolve se pode ou não permitir-se este investimento, vou contar-lhe uma experiência que tive com um importante empresário, que não era capaz de tomar uma resolução.

O homem indispensável

Há algum tempo, no Meio-oeste, um amigo levou-me a conhecer o diretor geral de uma grande fábrica de automóveis. Explicou: "Tenho medo que o sr. Trent esteja a caminho de um esgotamento nervoso. Em seis meses sua fábrica duplicou de tamanho. Tem estado sob uma pressão crescente — quase não come nem dorme. Tenho muita esperança de que você poderá ajudá-lo."

Na manhã seguinte, às nove da manhã, quando entrávamos no escritório do sr. Trent e ele se levantava para me receber, o telefone tocou. Era uma ligação interurbana de uma fábrica sucursal de Toledo, Ohio. No momento em que colocou o fone no ouvido, seu rosto tornou-se lívido.

— O que? gritou. Você não recebeu a remessa? *Um momento!*

Apertou um botão de intercomunicação e chamou um chefe de seção.

— Que raio de coisa está acontecendo? perguntou. Aquela remessa ainda não saiu?

Ouvi o chefe de seção berrar no telefone. Ali estava uma bela maneira de começar o dia. O sr. Trent recebera uma acusação irritada de um empresário perturbado em Toledo, tinha passado essa carga do corpo, pela linha, até o seu chefe de seção — e agora três homens estavam transtornados!

Por fim o assunto foi resolvido, e o sr. Trent desligou, mas de novo o telefone tocou. Outra chamada com problema — agora de Detroit. Mais uma vez, uma atmosfera emocional, exaltada, outro chefe de seção recebendo invectivas. . . e quando terminou esta chamada, uma terceira chamada com problemas — agora de Cleveland! Mais botões apertados, mais emoções tumultuosas — tudo isso no espaço de dez minutos!

Finalmente, o sr. Trent conseguiu um momento livre, durante o qual meu amigo apresentou-me a ele.

— Prazer em conhecê-lo, Sherman — disse o sr. Trent. Que motivo o traz aqui?

Meu amigo interveio para explicar que eu ia fazer uma série de conferências na cidade e que, como característica dessas conferências, eu ensinava as pessoas a "relaxar".

— Relaxar! disse o sr. Trent. — Está pra *mim!* — Apanhou o fone e disse à secretária: Nada de chamada durante dez minutos. — Depois, voltando-se para mim, disse: — Pronto, sou todo seu. Mostre-me como conseguir o relaxe!

Fiz ver ao sr. Trent que não poderia fazer isso em tão pouco tempo, que sua condição evidentemente tensa se tornara crônica e que ele teria de mudar os hábitos de uma vida inteira, sua atitude mental. Mas se ele quisesse ir às minhas conferências, poderia prometer-lhe que em cinco noites ele aprenderia a relaxar

— Cinco *noites!* estourou o sr. Trent. — O senhor sabe a que horas cheguei hoje de manhã? As sete. Sabe a que horas saí ontem à noite? Por volta de uma hora. Sabe quando tenho visto minha mulher e as crianças nos últimos seis meses? Entre seis e sete da noite, no jantar! . . . Meu superintendente está no hospital com um ataque de coração, três de meus chefes de seção estão em casa doentes — com esgotamento nervoso e úlceras no estômago. Concordo — todo o meu pessoal deveria seguir o seu curso de conferências, *mas eles simplesmente não têm tempo!*

Olhei para Trent — um homem perto dos quarenta parecendo anos mais velho. Era um feixe de nervos, com hipertensão, caminhando para um colapso físico, senão mental

— Sr. Trent — disse-lhe eu — estou vendo *que o senhor tem tempo* para SE MATAR, mas NÃO tem tempo de SALVAR sua vida!

Olhou para mim durante um momento, abalado, depois sacudiu a cabeça carrancudo e respondeu: — *Acho que é isso aí mesmo.*

De costa a costa, onde quer que eu vá, tenho encontrado milhares de homens como Trent — mulheres também — que se levam demasiado a sério, que superestimam sua importância, que se persuadiram de que o mundo não pode passar sem eles. No entanto, quando se retiram devido a excesso de trabalho, repentino esgotamento nervoso, moléstia ou acidente, encontram-se outros, seja como for, para continuar no lugar deles, talvez não com tanta eficiência, mas o mundo consegue continuar — sem eles.

Você pode ganhar anos de vida parando AGORA mesmo e decidindo que vai reservar uns momentos, todos os dias, para REPOUSAR, para se livrar dos distúrbios e tensões emocionais que estejam aumentando em você. Se estiver no trabalho ou em casa, reservará os cinco a dez minutos que sugeri — se possível dez — para ficar sozinho durante cada metade de manhã e de tarde?

Afaste-se do telefone. . . Não acenda o cigarro. . . não tome um drinque. . . não coma. . . pare tudo. . . e apenas afrouxe — deixe que o Poder Divino interior se encarregue deste intervalo.

Pergunte a você mesmo: "Estou indo depressa demais?.. Estou perturbado por alguma coisa?. . . Estou nervoso e tenso?"

Se estiver, liberte esses pensamentos errôneos. Solte-os. Se não o fizer, eles crescerão em você o dia todo e você os levará para casa à noite. Pior do que isso, você os levará para a cama, e eles são os companheiros mais impacientes e mais mortíferos da terra.

Quanto mais tempo você conservar esses sentimentos dentro de você mesmo mais eles o arrasarão. Faça disto regra *absoluta.* Jamais COMA quando estiver transtornado emocionalmente! Enquanto você estiver sob pressão, com pensamentos tumultuosos na mente, com um nó no estômago, uma sensação de opressão no nervo central da nuca e no plexo solar — NÃO coma quando se sentir assim! Leve o tempo que for necessário para descartar-se dessas sensações, para afrouxar, repousar. Se você forçar alimento para dentro do seu corpo quando ele não está pronto para recebê-lo, estará se *matando* aos poucos.

Se deseja melhorar o seu estado de saúde, precisa tornar-se receptivo ao benéfico poder do TNT que há dentro de você, mas não pode continuar infringindo as LEIS da saúde e esperar uma cura permanente de males físicos e nervos esgotados.

SUA FÓRMULA PARA UMA BOA SAÚDE!

Este é o simples método ou processo que milhares de homens e mulheres têm usado para repousar o corpo e o espírito e para pintar não só boa saúde como as coisas da vida que mais desejaram. Com a prática, e "perseverando" nestas diretrizes mentais e físicas, você pode adquirir controle completo de seu corpo e de seu espírito. Experimente agora mesmo! Diga a você mesmo, e com propósito firme:

Agora repouso meu corpo...
Acomodo os pés e as pernas...
Descanso as mãos e os braços no colo...
Solto todo meu peso na cadeira...
Solto o corpo todo com minha mente...
Deixo para trás todos os temores e aflições...
Sinto-me mais leve — toda a tensão física desapareceu...
Fecho os olhos e excluo o mundo de meu redor...
Volto a atenção de meus pensamentos para dentro e torno-me inconsciente de meu corpo...

Sinto agora que estou existindo apenas na consciência. . .

Uma sensação de grande paz interior e de calma começa a apoderar-se de mim. . .

Neste momento de calma — este silêncio interior — descrevo por palavras e também apresento, em forma de imagem mental, o que desejo profundamente. . .

Se for uma saúde melhor, imagino uma energia benéfica impregnando cada célula e órgão de meu corpo, renovando-o e revitalizando-o. . .

Se procuro novas oportunidades e empreendimentos, sejam quais forem, imagino-me já os tendo recebido. . .
Depois, por meio de um exercício de fé, crio dentro de mim uma confiante perspectiva de que aquilo que visualizei virá a acontecer na minha vida exterior. . .

Que todos os recursos e manifestações de que preciso estarão chegando a tempo. . .

E que serei levado por meu poder criador e por minha intuição ao lugar certo na hora certa — protegido e guiado todos os dias por toda minha vida.

Incluído nisto, adaptado a suas necessidades e desejos, está uma preciosa técnica para controlar e dirigir seu Subconsciente — o poder criador do TNT que há dentro de você. Você obtém este controle com o repouso do corpo e do espírito. Estes são os passos fundamentais que devem ser tomados. Devem ser postos em prática todos os dias. Com a repetição você chegará ao ponto de poder sentar-se e iniciar o processo de afrouxamento, mental e físico, quase instantaneamente.

Por exemplo, posso estar ativamente empenhado em espírito e corpo, como estou neste momento em que dito estas palavras, e ainda assim, se quiser, posso deixar minha escrivaninha, estender-me no divã de meu escritório, repousar e adormecer em menos de um minuto! Faço isto grande número de vezes, a cada dia, quando começo a perceber que estou ficando cansado e tenso. Quando me deito e "afrouxo", dou a mim mesmo a sugestão de que dormirei de cinco a quinze minutos.

como desejar, e despertarei no fim desse tempo, renovado no espírito e no corpo — e *acontece!* Se isto lhe parece estranho, deve lembrar-se de que tenho anos de prática desta técnica. Mas não levará anos para *você* aprendê-la. Você pode adquirir esta mesma capacidade em pouco tempo.

CADA INDIVÍDUO TEM UM RITMO DIFERENTE DE PENSAMENTO E EXPRESSÃO

Cada um de nós, todavia, não adquire conhecimento ou penetra no "âmago das coisas" tão rapidamente como os outros Por não percebê-lo, muitos de nós nos consideramos patetas ou incapazes quando não o somos.

A ciência está descobrindo agora que cada pessoa tem um ritmo, um tempo de movimento e de pensamento que lhe é natural, e que ela deverá determinar para si mesma e aprender a manter.

Quando você tenta acelerar seu "tempo natural" além de seu funcionamento normal e suas limitações físicas e mentais, você perde sua eficiência de pensamento e de ação.

— Não sei pensar ou tomar as decisões certas quando estou com pressa, dizem muitos homens e mulheres.

— Aprendi a nunca decidir sobre um assunto importante imediatamente, dizem muitos homens e mulheres.

— Aprendi a nunca decidir sobre um assunto importante imediatamente, dizem outros. — Costumo deixar passar uma noite sobre ele.

Outros ainda declaram: — Eu ajo pelo raciocínio de estalo. Sou capaz de tomar decisões acertadas muito depressa. Se ficar ruminando muito tempo, parece que fico embaralhado e perco meu senso crítico.

Todas essas pessoas estão revelando inconscientemente os diferentes "tempos" de seus seres individuais.

— Não posso rivalizar em espírito com as pessoas — dirá alguém, o que indica que ele não é menos inteligente, e sim que sua mente age num tempo diferente. Não está sincronizado

que estavam sendo fabricadas. Quando lhes foi permitido o seu "próprio ritmo", quando se determinaram suas velocidades de movimentos do espírito e do corpo, individuais e naturais, os homens produziram quantidades satisfatórias de engrenagens por hora.

Se as reações de alguns desses operários eram demasiado lentas, eram transferidos para outras seções e tarefas onde estavam capacitados a servir numa condição útil e proveitosa.

Felizmente nós todos temos MESMO *velocidades diferentes* de raciocínio e ação, porque as diversas tarefas importantes do mundo exigem toda esta diversidade de tempos para sua conclusão bem sucedida.

Se você não descobriu seu ritmo próprio, reserve um período para determiná-lo. Quando conseguir, deixe de tentar trabalhar contra ele. Procure um emprego adaptado a este ritmo, que atingirá êxito ainda maior na vida e será infinitamente mais feliz! Isto se aplica também aos amigos e entes queridos com quem você tem contato. Adapte-se aos seus ritmos de pensamento e ação, da maneira que você desejaria que eles se adaptassem ao seu... que as tensões entre vocês serão grandemente aliviadas.

— Dou-me bem com os animais — disse-me uma vez um homem sensato, — porque nunca tento fazer um cão miar como um gato, nem um gato latir como cão!

Relaxe. Não leve demais a sério a vida ou o que os outros pensam e fazem. Você já tem bastante que fazer para manter-se estável. Acerte o passo e conserve-o sem empurrar nem forçar. Haverá um novo dia, por isso não procure viver o dia de amanhã antes que ele chegue. E lembre-se de reservar alguns momentos a cada dia, para dar a seu corpo e a seu espírito a "pausa que renova". Neste mundo de alta pressão, você não pode avançar indefinidamente sem ela. Vença qualquer idéia fixa de que você é um super-homem ou uma supermulher. Sem saúde, qualquer esperança de atingir seus objetivos na vida fica consideravelmente diminuída. Se você não tirar outra coisa deste livro além da capacidade de repousar, de libertar sua mente e seu corpo das tensões diárias, não haverá dinheiro que pague o seu valor para *você*.

A capacidade de relaxar o corpo e a mente, quando se quer, é absolutamente essencial à minha saúde e meu bem-estar geral.

Como meio de eliminar todas as tensões, investirei cinco a dez minutos, de manhã e à tarde, se necessário mais, e dedicarei este tempo a "afrouxar" — física e mentalmente.

Durante estes períodos de relaxação — ficarei longe do telefone; não fumarei, nem beberei nem comerei. Interromperei tudo — enquanto pergunto a mim mesmo: Estarei indo depressa demais? . . . Estarei perturbado por alguma coisa?... Estarei nervoso e tenso?

Depois de fazer isso, libertarei essas sensações errôneas que estão crescendo em mim de modo a não se tornarem crônicas.

Acima de tudo, recuso-me a comer, em qualquer hora, quando estiver sob pressão ou transtorno emocionalmente, sabendo que este costume, com o tempo, pode ser desastroso para a saúde.

Finalmente, não permitirei a mim mesmo levar demasiadamente a sério a vida ou o que os outros possam pensar de mim.

7

O Poder Magnetizador da Decisão

Você tem poder de *decisão?* Pode determinar o que quer? Nada de bom e proveitoso pode ser alcançado se você for indeciso e inconstante em sua mente. Aqueles que não sabem decidir, que não sabem o que querem, estão sempre com problemas deste ou daquele tipo.

Já brincou alguma vez com um ímã e limalhas de ferro? Aponte o ímã em uma direção que todas as limalhas de ferro se reagruparão ao longo da linha de força que as tem em seu poder. Gire o ímã para fora desta área, que as limalhas se espalham em formações novas. Mova o ímã para um lado e para outro, que as limalhas parecem não saber para onde vão.

São como a motorista que bateu num ônibus na esquina da rua 42 com a Quinta Avenida em Nova York. O guarda de trânsito correu para ela perguntando: — Que aconteceu? Por que a senhora não deu sinal?

— Eu *fiz* sinal! insistiu a mulher indignada.

— *Fez?* disse o motorista do ônibus. *Eu* não vi!

— Então o senhor deve ser vesgo! replicou a mulher. Eu fiz sinal claramente avisando que não tinha certeza de *qual* o lado que queria virar!

Você sabe qual o lado na vida para o qual quer virar? Conhece a você mesmo o suficiente — seus desejos, suas capacidades, seu gênio, suas necessidades — para julgar o que é *melhor* a fazer quando os problemas surgem? Ou como essa motorista, estará inclinado a virar em DUAS direções ao mesmo tempo?

O mundo está dividido em duas classes de pessoas: as que dizem "Farei" e as que dizem "Farei ou não farei?" Esta última contém a grande maioria de homens e mulheres.

Quantas vezes você disse a você mesmo: "Devo ou não devo?" Mais vidas humanas naufragaram nos baixios da indecisão do que por outra causa qualquer.

"Essa coisa qualquer", o poder criador interior, não pode atrair magneticamente as coisas para você se não for magnetizado por sua decisão. E você tem de voltar esta força magnética de sua mente para a direção a que pretende ir. Quando assim fizer, ela imediatamente principiará a atrair todos os elementos de que você precisa para ajudá-lo a conseguir o que quer.

Quando você vai contra você mesmo mental e emocionalmente, está momentaneamente embaralhado, paralisando e até destruindo suas forças magnéticas de atração. Uma condição indecisa de espirito e corpo só pode atrair condições indecisas. Não tem poder para atrair qualquer outra coisa.

A grande queixa de milhares e milhares de seres humanos é: "Não sei tomar uma decisão!" Esta é uma das mais tristes nênias que jamais partiram de corações humanos porque ressoa como o toque fúnebre da esperança, da ambição, da autoconfiança, da iniciativa, da realização.

Enquanto você não souber tomar uma decisão estará relativamente desamparado, incapaz de mover-se para qualquer direção com firmeza ou com qualquer sensação de segurança e tranqüilidade.

— Minha mente é como uma cama por fazer — disse-me uma senhora. — Está toda em desordem. Tenho medo de arrumá-la. Tenho medo de tocá-la com receio de que fique ainda pior. Acho que vou deixá-la do jeito que está.

Você deseja permanecer onde está agora? Se deseja, simplesmente não tome decisão! A menos que mude de pensar, permanecerá na posição em que se encontrar. Ou descerá para uma posição mais baixa, porque na vida nada permanece imóvel. Movimenta-se tanto para cima como para baixo. O metal enferruja se não se fizer nada para mantê-lo brilhante e protegido contra as forças desintegradoras.

Você não pode passar para trás na parada da vida. Você tem de continuar andando, para seu próprio bem, em qualquer idade. A natureza tem horror de tudo que renuncia a sua utilidade. Os gaviões estão sempre à espera para fazer uma limpeza nas formas de vida que desistem de lutar. Parece-lhe bastante sinistro? Não foi essa a intenção. Alguma coisa foi providenciada para cuidar de tudo, em todas as várias fases da atividade da vida e naquilo que é chamado de morte. Em seu corpo, permanentemente, milhões de células velhas estão morrendo e novas células estão nascendo. Você não tem consciência disso.

O mesmo se dá com as idéias. A medida que sua experiência aumenta, você vai matando as idéias velhas de sua mente e gerando novas. Se não fizer isto, as idéias velhas e obsoletas bloqueiam-lhe a mente, retardam o pensamento, enferrujam o cérebro, atrasam o progresso e acabam atolando-o.

Se está achando que não sabe tomar decisões do modo como costumava, é talvez porque você está lutando com idéias antigas, padrões antigos de raciocínio, costumes e desejos antigos que você não pode abandonar mesmo quando sua "voz interior" lhe diz para jogá-los fora, sair da rotina e começar a fazer o que você no íntimo sabe que *deveria* estar fazendo.

> Você já chegou ao ponto do Mar Vermelho de sua vida.
> Onde, apesar de tudo que possa fazer,
> Não há porta de saída, não há caminho de volta, .
> Não há outro caminho senão através?
>
> ANNIE JOHNSON FLINT

Se é este o seu estado de espírito e situação na vida no momento, é bom! Se está com as costas contra a parede, se foi empurrado pela indecisão e pelas circunstâncias de sua própria criação, consciente ou inconsciente, até onde pode chegar, não há "outro caminho senão através".

Portanto encare a realidade. Dê nova orientação a você mesmo, reorganize suas forças dispersas, *tome uma decisão* e vá sempre em frente!

DECIDA — DEPOIS AJA!

Muitos homens e mulheres atingiram o limite aparente de sua resistência e encontraram nova força à sua espera nas horas de crise grave, quando tomaram uma decisão positiva — quando disseram a si mesmos, com convicção : "Vou enfrentar. Vou levar isto a cabo!"

Não há undécima hora tarde demais em que "aquela coisa qualquer", o poder criador interior, não possa ser magnetizado pelo raciocínio certo e pela decisão certa e lhe dar a força e a sabedoria para continuar.

— Deus me falou no meu grande momento de necessidade — provaram milhares de homens e mulheres agradecidos. Querem dizer que finalmente foram levados a apelar para seus recursos interiores dados por Deus depois de tentar tudo o mais e falhar. . . e o poder interior que poderiam ter usado sempre respondeu a sua convocação!

DEIXE DE LAMENTAR A SORTE — TRATE DE ABRIR OS OLHOS

Você tem apenas duas opções. Tanto pode ir mais alto como mais baixo. Pode entregar-se à bebida ou arranjar um sério esgotamento nervoso ou vaguear pelo resto da vida, lastimando "o que poderia ter sido" se tivesse vivido diferentemente a sua vida — e dizendo a você mesmo, "Agora é tarde demais".

Mas se você pertence àquela porcentagem menor de homens e mulheres que "abriram os olhos", descobrirá que nunca é tarde, demais para encontrar o caminho certo. É humano cometer erros, humano permitir que certos desejos emocionais nos vençam, nos levem muito longe de — nossos verdadeiros objetivos e potencialidades na vida.

— Eu sabia que isso não se fazia, mas fiz assim mesmo — dizem muitas pessoas mais tristes e mais sensatas ao aceitarem outra influência e se libertarem do fato de terem desprezado uma vida limpa, feliz e sadia.

Se você atingiu a fase de volta brusca, é chegada a hora. Não há outra hora para você além desta mesma. Se não o fizer *agora*, não o fará nunca. VOCÊ atingiu seu *momento de decisão!*

"Não há porta de saída, não há caminho de volta, não há outro caminho senão através!

Dê o mergulho! Dê a partida! Encare o que tiver de encarar e vença. Quanto mais demorar, mais difícil será.

Peça a diretriz ao seu eu interior, siga seus incitamentos por mais difícil que possa parecer no momento, peça perdão aos que você ofendeu, esclareça todos os ressentimentos e ódios passados, livre a consciência de todos os temores e inibições passados, a fim de que a mente possa tornar-se um canal para bons pensamentos e possa começar a ajudá-lo e atrair coisas boas!

Livre-se para sempre das indecisões de que David Harum se via presa: — Sim, e não, talvez, sim, talvez não!

Isto nunca o levará a nada. Quem quer viver uma triste existência de "Sim e não, talvez sim, talvez não"?

— Eu prefiro tomar uma decisão errada e depois corrigi-la a não tomar decisão nenhuma — disse-me um vitorioso homem de negócios. — Se ficar alerta, posso geralmente saber se uma decisão é errada ou não, antes que ela me prejudique demais — e devido a essa decisão errada, tenho então a sabedoria de tomar a decisão certa. Mas se não tomar decisão nenhuma, nada consigo.

Se a indecisão o tem em suas garras, *destrua* esse costume de uma vida inteira. Se não o fizer, será infeliz o resto da vida e sua porcentagem de decisões errôneas atrairá muito mais condições errôneas para você.

A vida de meu avô foi estragada pela indecisão. Tinha sido pastor protestante, mas quanto mais lia a Bíblia, mais ficava roído de dúvidas. Achava que era irreverente discutir qualquer coisa da Bíblia, mas sentia-se cada vez mais incapaz de aceitar determinados conceitos.

Começou a perguntar a si mesmo: — Devo continuar pregando — como penso agora — ou não devo? É honesto de minha parte continuar a apresentar certas coisas em que não acredito mais?... Devo confessar minhas dúvidas a minha mulher, que é uma devota fiel?... Que pensarão meus amigos e meus entes queridos — os membros de minha congregação?... Serei condenado por pensar como estou pensando?

Esta confusão de indecisão em seu espírito começou a afetar-lhe saúde. Tinha pavor dos domingos, quando tinha de ocupar o púlpito e, sem fé nem convicção, pregar o sermão. Ah, se ao menos acontecesse uma coisa qualquer que lhe desse uma desculpa legítima para evitar a pregação! E uma coisa qualquer aconteceu! Fez com que o poder do TNT o servisse de maneira *negativa.* Deu-lhe a desculpa que estava procurando!

De repente meu avô começou a ter agudos ataques de asma exatamente antes do culto. Ficou tão sem fôlego que os outros tiveram de substituí-lo! Estes ataques pioraram constantemente e por fim foi retirado do sacerdócio.

Todos se compadeceram dele; ninguém o condenou, a não ser ele mesmo. E durante *trinta anos,* depois disso, meu avô permaneceu à margem, incapaz de tomar uma decisão, incapaz de resolver um novo rumo de ação, temeroso de confessar suas dúvidas a alguém, levando uma vida de tortura interior, sofrendo ataques de asma violentos cada vez que tentava lidar com seu problema!

Nunca esquecerei, o dia em que, jovem ainda, estava de pé à cabeceira de meu avô enquanto agonizava.

Disse-me ele: — Ah, Harold — *se eu pudesse ao menos recuperar minha vida para vivê-la de novo!* Teria exprimido minhas convicções sincera e abertamente, porque compreendo agora, tarde demais, que muitos homens e mulheres pensavam como eu pensava — que não estava errado pensar daquela maneira, que eu poderia até expressar meus pensamentos na minha própria igreja. Mas deixei que o medo, a indecisão e a autocondenação *impedissem o verdadeiro trabalho de toda a minha vida!*

Esperemos que *você* não esteja atormentado pela indecisão a este ponto. Esta experiência de meu avô teve um efeito profundo sobre mim. Decidi então que haveria de desenvolver o poder de decisão. Conseguiria suficiente compreensão de mim mesmo e suficiente domínio de minhas emoções para saber o que *realmente* queria, para *tomar uma decisão* e fixar-me nela!

É claro que tomei decisões erradas. Todos nós tomamos, e todos tomaremos. Mas, progressivamente, como aprendi a ouvir a "Voz interior", para seguir a direção de minha intuição, tenho podido reduzir o número de decisões erradas. Você também poderá fazer isto.

A decisão nasce da coragem, e a coragem brota da fé em si mesmo e no Poder Divino interior. Por que continuar a imaginar uma continuação dos problemas e condições que possam estar a rodeá-lo agora?

Resolva acabar com eles por meio de uma decidida mudança das imagens, dando assim "àquela qualquer coisa" interior o poder de mudar o seu futuro para *melhor!*

PENSAMENTO PARA INCORPORAR NA SUA VIDA

Compreendo que, para realizar qualquer coisa de valor na vida, tenho de ter o poder de decisão. . .

Que a falta de decisão é perturbadora e paralisante, e as pessoas que não sabem tomar uma decisão são sempre medrosas, inconstantes e incapazes de enfrentar a vida. . .

Que, sempre que qualquer decisão que eu tomar se revelar certa ou errada, estarei pelo menos caminhando em alguma direção, e estarei em situação de mudar meu rumo de ação quando for necessário.

Que, no momento em que decidir o que fazer, magnetizo as condições à minha volta e começo a atrair as circunstâncias e as pessoas de que preciso para enfrentar qualquer situação que venha a surgir. . .

Que a decisão inspira autoconfiança e coragem e liberta a mente para a ação positiva!

8

O Poder de Superar Temores e Preocupações

Quem ou o que diria você que é seu *Inimigo Número Um na Vida?*

Algum indivíduo lhe fez uma "sujeira", aproveitou-se de você financeiramente, roubou a afeição de pessoa muito amada, prejudicou-lhe a saúde, dominou-lhe a vida, manteve-o em servidão pessoal ou econômica, traiu-lhe a confiança, obrigou-o a praticar atos contra sua vontade ou manchou-lhe o nome levantando calúnias a seu respeito?

São acontecimentos bem desagradáveis! Sem dúvida, qualquer pessoa que lhe fizesse essas coisas poderia ser tachada de *inimigo!* Você, porém, tem um inimigo muito pior do que uma ou muitas pessoas, que pode prejudicá-lo.

Esse inimigo é... o MEDO!

Nenhuma criatura humana sobre a terra deixou de conhecer a sensação do *medo.* Em muitas pessoas, o medo já se tornou quase uma segunda natureza. Nos jovens, o medo serve a um útil propósito, uma vez que desenvolve a prudência. Mas a mente madura do adulto não foi feita para ser governada pelo medo. No entanto, de um modo ou de outro, temores conscientes ou inconscientes estão afligindo a maioria das pessoas.

A maioria de seus temores é remanescente da infância. Medo do escuro, medo de cair, medo do fogo, medo da dor, medo de conhecer as pessoas e assim por diante, são muitas vezes lembranças de experiências passadas e remotas.

Se você se surpreendeu procurando evitar enfrentar uma situação como sabe que deveria, não é porque você seja fundamentamente mais covarde do que um outro. Apenas, você tem menos domínio sobre suas emoções. Sob a influência do medo, você se imaginou sendo ferido, física ou mentalmente, e sua mente subconsciente, agindo sobre esta imagem, provocou o medo. E você *teme* que ele aconteça *novamente!*

— Sei, que sou fraco mas eu simplesmente não sei encarar isso — é o que você já ouviu as pessoas dizerem. Tais indivíduos geralmente exageraram determinadas condições em suas mentes ao ponto de que a simples idéia de uma situação é suficiente para derrubá-las.

Se você estiver no meio de um grupo de pessoas e acontecer alguma coisa inesperada e até de natureza trágica, alguém do grupo instintivamente a enfrentará; outros procurarão fugir; outros ainda serão tomados de paralisia mental e física, ficam incapazes de pensar ou agir. Estas diferentes reações a um acontecimento demonstram que cada membro do grupo revelou maior ou menor domínio sobre suas emoções.

O medo indica uma falha de equilíbrio entre seu Eu exterior e o interior. O ajuste apropriado em face de uma experiência externa não foi conseguido pelo "verdadeiro você", do contrário, o seu medo deste acontecimento teria deixado de existir...

Você teme apenas aquilo que você não venceu dentro de você. Toda vez que outra experiência de que tenha medo acontecer, e você permitir que o seu medo antigo reaja sobre você, estará tornando esse medo mais forte e ficando cada vez menos capaz de enfrentar situações semelhantes quando ocorrerem.

Não há duas pessoas que tenham tido exatamente a mesma reação emocional a experiências passadas. É por isso que algumas pessoas são fortes onde outras são fracas e fracas onde outras são fortes. Alguns temores que você já venceu talvez ainda estejam atormentando os seus entes queridos à sua volta. E uma coisa qualquer que não os afetaria sem um pouco, pode aterrorizá-lo. *É digno de registro que o General Anthony Wayne, destemido na guerra, tivesse medo mortal de morcego.*

VOCÊ, CONSTANTEMENTE, TEM DE LUTAR CONTRA O MEDO

Como sabe, a cada dia de sua vida você é perenemente solicitado a encarar uma série de situações. Um dia pode ser doença na família, e sua mente logo imagina o pior. Você pode ter estado sem trabalho durante semanas ou meses e ficou desanimado, vendo diante de si apenas um desemprego prolongado, a perda de sua casa — é verdade, você pode até imaginar a perda de tudo o que você considera valioso. Você pode estar apaixonado e teme não saber conquistar o objeto de seu afeto. Você pode ter quase morrido afogado uma vez e ficou com um medo terrível da água.

Há centenas de situações idênticas a serem encaradas e tantas reações emocionais a elas como há pessoas, formando cada reação uma viva imagem mental que é fotografada sobre sua mente subconsciente e se torna não só parte de sua memória como parte de sua natureza emocional.

Se uma experiência fez desenvolver o medo dentro de você, este mesmo medo será provocado quando outra experiência semelhante surgir. E cada vez que deixar que este medo se aposse de você, dará mais força ao poder que o objeto temido exerce sobre você. Não é só isso; você intensifica o quadro mental que este medo provoca e torna muito mais certo de que sua mente subconsciente fará este quadro desagradável passar na sua vida exterior!

OS TEMORES AFETAM SUA SAÚDE

Sem que você perceba, seus temores estão tendo constantemente efeito sobre seu sistema nervoso e perturbando a saúde do corpo!

O corpo humano comum está sujeito a emoções descontroladas. Você possui uma rede de nervos "altamente inflamável" que, quando atingida por uma "centelha" em forma de *reação medrosa*, pode "incendiar" a consciência instantaneamente. Esta "conflagração emocional" expele tal" cortina de fumaça" sobre a consciência da pessoa — entontece de tal maneira a mente do indivíduo — que ela fica sufocada e desconcertada, incapaz de encontrar qualquer saída *lógica* da conjuntura do momento.

Paralisado pelo medo, com o seu sistema nervoso temporariamente "desligado", você fica como as linhas principais de um sistema telefônico, que, com um curto-circuito, não podem transmitir impulsos próprios. Em tais circunstâncias, sua mente acha difícil, senão impossível, restabelecer ligação com nervos centrais latejantes e assim recuperar o domínio do corpo.

Quando você refletir sobre as diversas vezes em que terá tido a sensação de medo ao deparar com determinados acontecimentos na vida, poderá começar a compreender a força multiplicada que estará matematicamente incorporando dentro de você — uma carga emocional destruidora que produz venenos tóxicos em seu corpo, contribui para o colapso de seu sistema, nervoso e reage perniciosamente sobre seus órgãos vitais.

Você não pode permitir-se, física, mental, emocional e espiritualmente, continuar a ser governado pelo medo!

As experiências da vida destinam-se essencialmente a fazê-lo olhar para você mesmo — a olhar a *realidade*. Mas a sua tendência é protelar o desagradável fato de admitir a sua fraqueza, o mais que puder. Esta é a natureza humana. Mas quanto mais tempo você adiar o momento de enfrentar a situação, mais difícil se torna libertar-se de seus temores e maior o preço que pagará por deixá-los dominá-lo.

Naturalmente, os temores ordinários são os que mais o afetam — pequenos temores perturbadores que, reunidos, se elevam a uma série de reações emocionais aniquiladoras.

No meu primeiro livro de natureza filosófica *Your Key To Happiness* (Sua Chave para a Felicidade), relacionei uma quantidade de temores comuns e pedi aos leitores que identificassem aqueles que os afligiam. Uma senhora escreveu-me um bilhete desesperado. Disse ela: — Santo Deus, sr. Sherman, eu tenho *todos* eles!

Pois bem, aqui está a mesma lista de temores! Leia-os e pergunte a você mesmo quantos deles o estão vitimando no momento. Se muito poucos destes temores têm influência sobre você, pode felicitar-se por estar bem acima do mortal comum em domínio de nervos. Aqui estão eles:

Medo de estar em lugares elevados
Medo de cair
Medo de água
Medo de determinados animais
Medo de trovões e de relâmpagos
Medo de fogo
Medo de multidão
Medo de doença
Medo de contágio
Medo de dor
Medo da velhice
Medo de conhecer pessoas
Medo do que os outros possam pensar
Medo de ficar só
Medo da pobreza
Medo do "pior sempre acontece"
Medo de ficar fechado num quarto
Medo do que possa acontecer a entes queridos
Medo da morte

Estes são apenas alguns dos temores que diariamente atacam muitos de nós. Quantos você achou que tem? Quantos você venceu? Se alguns destes temores o *governam* agora, é porque, consciente ou inconscientemente, você admite dentro de você mesmo a incapacidade de enfrentar uma situação determinada. Você aprendeu a dominar suas emoções em algumas circunstâncias mas em outras não.

Pare um momento para ficar sentado calmamente antes de continuar a ler, enquanto passa em revista esta lista de temores e procure lembrar como foi que os que o afligiram primeiro vieram a dominá-lo. Depois volte a este ponto, que lhe vou apresentar uma técnica de raciocínio que o ajudará a libertar-se de alguns ou de todos estes temores.

Então, está pronto para continuar daqui? Se você realmente reviveu algumas experiências passadas durante as quais esteve dominado pelo medo, você se terá lembrado de que a química de seu corpo esteve transtornada. Teve palpitações cardíacas, indigestão, respiração curta, suores nervosos, tensão nervosa séria, reações alérgicas e uma multidão de outros distúrbios físicos enquanto se sentia obcecado pelo medo.

Você já ouviu o ditado antigo: — Não contraímos úlceras pelo que comemos — elas são contraídas pelo que "nos está comendo" !

O Presidente Franklin Delano Roosevelt fez uma declaração aterradora quando disse: — *A única coisa de que devemos ter medo* — é *o próprio medo!*

Ele sabia do que estava falando. Milhões de pessoas que o ouviram fazer esta declaração sabiam que ele sabia, porque lhes bastava comparar o efeito do medo em suas próprias vidas para compreender que o próprio medo era ainda pior do que as coisas de que se tinha medo!

É muitas vezes mais fácil enfrentar alguma coisa que se temeu do que enfrentá-la antecipadamente, porque geralmente sua imaginação exagera, por meio do medo, aquilo que você teme que lhe possa acontecer. Muitas pessoas se envergonham quando encaram por fim uma situação que temiam, e que descobrem não ser tão ruim ou difícil como julgavam que seria.

ELIMINE SUAS IMAGENS DE MEDO

Você deve lembrar-se sempre de que sobre este fato se deve insistir muito, cada imagem errônea carregada de intensa sensação de medo que penetra na sua consciência, é como uma semente que cria raizes no espírito e, com o tempo, reproduz acontecimentos semelhantes em sua vida.

Para proteger-se contra o efeito crescente de reações emocionais errôneas, ou de seus temores acontecidos ou repetidos, você tem de adquirir a capacidade de dominar suas sensações. Você ainda é, mais ou menos, vítima do medo e da aflição, se se surpreender exprimindo suas sensações e apreensões assim:

- Estou tão preocupado, não posso pensar corretamente.
- Tenho medo de arriscar.

- Tenho a impressão de que nada que tente fazer dará certo.
- Perdi a fé em mim — e em Deus.
- Não posso entender o que me aconteceu.
- Sei que isso não se faz, mas não posso evitar ter ódio, rancor e medo
- Perdi todo o interesse em viver — eu me matava, se não tivesse medo de fazer isso.
- O médico disse que, se eu não aprender a dominar meus temores e aflições, vou morrer.

Isto se parece com você ou com observações que você fez? Se assim for é hora de tratar de eliminar esta atitude negativa e derrotista.

O medo sempre atrai condições indevidas; a coragem repele essas mesmas condições e atrai as condições boas para o seu lugar.

O primeiro passo a ser dado na remoção do medo de sua consciência é enfrentá-lo sem temor, diretamente. Ataque um medo de cada vez. Veja esse medo exatamente como é e como foi rídiculo ter permitido que ele tivesse qualquer poder sobre você. Ao examiná-lo, sua mente consciente pode tentar dizer-lhe que é tolice esconder-se debaixo da cama ou num armário durante uma tempestade elétrica. Mas quando você vê realmente o relâmpago e ouve o trovão, sua emoção medrosa é mais forte, destrói seu raciocínio e faz, por enquanto, você achar que esconder-se é uma coisa sensata. Qualquer coisa pode parecer razoável e certa quando suas emoções estão controladas — e nada pode ser mais perigoso do que estas mesmas emoções quando dominam o espírito e o corpo.

Sob a influência do medo é raramente possível dominar as emoções, porque sua reação emocional será forte demais. Mas este domínio pode ser desenvolvido *agora,* enquanto você está repousado e descansado espiritualmente, capaz de analisar suas ações passadas e fazer com que sua razão lhe diga o quanto seus temores são inúteis e infundados.

Reveja os momentos de sua vida mais carregados de medo. Reviva esses incidentes naquilo que eu chamo de "tela cinematográfica" de sua mente secreta. Enquanto relembra esses acontecimentos, sentirá novamente, como deve ter sentido quando examinou a lista de temores, a sensação de medo que cada acontecimento despertou.

Reexaminando esta experiência com os olhos da mente, poderá ver nitidamente, pelo exercício de seu raciocínio, qual *deveria* ter sido sua atitude correta — como você *deveria* ou *teria* enfrentado a situação se o medo não o tivesse impedido.

Agora, mantenha a imagem desta cena infeliz em sua mente, e enquanto a mantém aí, sobreponha outra imagem — daquilo que você percebe agora que era o que você deveria ter dito ou feito na ocasião. Veja-se mentalmente sobrepujando este medo. Veja-se enfrentando qualquer situação semelhante que possa surgir no seu presente ou no seu futuro, tendo suas emoções dominadas, com coragem e confiança na sua capacidade de enfrentar o que vier.

APAGUE TODAS AS IMAGENS DE MEDO À MEDIDA QUE SURGIREM

Toda vez que sentir propensão para o medo, interrompa a imagem mental que a emoção do medo lhe impõe e assuma o comando consciente de você mesmo. Diga a sua mente secreta ou subconsciente que não deve prestar atenção a imagens de medo, isso apagará imediatamente cada imagem de medo da consciência com a visualização de uma imagem de você mesmo enfrentando destemido a situação. Vendo *repetidamente* a sua reação emocional apropriada a tudo que acontecer, você continuará diminuindo o domínio que certos temores têm sobre você até que, no devido tempo, esses temores se dissiparão completamente.

Os aviadores, talvez sem conhecer a lei da mente subconsciente, ainda assim compreendem que precisam superar uma imagem mental errônea senão terão resultados desastrosos. Toda a vez que um piloto aprendiz cai com um avião, se não tiver sofrido ferimentos, recebe ordem do oficial superior de entrar imediatamente em outro aparelho e subir ao ar novamente a fim de anular a lembrança de sua aterragem desastrosa.

Aqueles que temem as doenças e o contágio deviam pensar nos banhistas religiosos do rio Ganges, na Índia, dos quais poucos são os que chegaram a contrair qualquer doença nas águas cheias de micróbios e mortalmente poluídas. Aqui está um caso em que uma fé quase sublime, a par de uma exaltação emocional, produz contra a contaminação ambiente uma resistência que tem assombrado o mundo médico. Prova completa de que a mente pode desempenhar papel importante no funcionamento e domínio de nossa vida exterior!

O medo de lugares elevados tem sido muitas vezes causado por uma queda gravada no subconsciente que pode ter acontecido na infância, com uma conseqüente reação negativa instintiva às alturas. O medo das alturas é freqüentemente associado ao medo de cair, e descobrindo a origem de sua sensação de medo você eliminará ambos.

Se você tiver sido transtornado pela altura, na próxima vez em que estiver num prédio alto ou numa elevação considerável visualize conscientemente a posição firme e sem perigo de seu corpo, suplantando assim a imagem de seu corpo despencando no espaço. Uma só impressão mental pode ser mantida por sua consciência em um momento, esta visualização destruirá sua imagem de medo. Se você olhar diretamente para baixo, não leve seu corpo mentalmente para a rua ou para o chão. Deixe que só os seus olhos cubram a distância, enquanto você permanece *conscientemente ciente* de que seu corpo está plantado com segurança na sua posição presente. Um pouco de exercício desta atitude mental o libertará do medo das alturas e das quedas.

A RAZÃO AJUDA A DESTRUIR O MEDO

Quando se tiver persuadido intimamente de que seus temores são, na maior parte, tolos e não servem a nenhum propósito construtivo, você lhes terá desferido um golpe mental de que não poderão refazer-se. *Você* é que tem alimentado seus temores, e é *você* que deve eliminá-los, se não quiser que com o tempo eles o destruam.

Você pode exercitar sua mente consciente de tal maneira, que ela desafiará cada sensação de medo assim que você pressentir qualquer temor. Você pode construir imagens de pensamentos corajosos para isolarem inteiramente seus temores. E pode adquirir tal domínio próprio ao enfrentar uma situação perigosa que, em vez de ceder às suas sensações de medo, poderá ver-se conscientemente a salvo por meio de sua experiência. Sua mente subconsciente fará o resto, levando-o, intuitivamente, a dar o passo certo no momento certo.

Naturalmente, a aflição é escrava do medo. Disse George Washington Lyon: *— A aflição é o juro pago por aqueles que tomam emprestado o distúrbio.*

John Bunyan dizia que era capaz de eliminar a aflição de dois dias de cada semana. Escreveu:

> Há dois dias na semana sobre os quais e pelos quais nunca me aflijo. Dois dias despreocupados religiosamente livres de medo e da apreensão. Um destes dias é ontem. . .
> E o outro é amanhã!

Ora, se você quiser eliminar o medo e a aflição de ontem e do dia de amanhã, terá apenas de eliminá-los do dia de *hoje,* e você os derrotará!

Ah! Mas hoje, como tentei realçar, é o único dia em que você está vivo. Hoje é o único dia que você tem para encarar a realidade. Hoje é o único dia que você tem para *fazer* qualquer coisa construtiva ou destruidora. Hoje, antes que se tome *ontem* é sua oportunidade de ir para a frente ou para trás! Hoje, antes que se tome *amanhã* é sua oportunidade de lançar uma base melhor para seu futuro!

O que está fazendo com o dia de hoje? Você o está enchendo com os seus habituais temores e aflições, garantindo assim um amanhã que será uma repetição de hoje?

COMO UM RENOMADO EXPLORADOR ÁRTICO DERROTOU O MEDO

Na véspera da malfadada expedição submarina sob o gelo polar de Sir Hubert Wilkin, passei alguns momentos com ele. Estava curioso por saber como esse renomado explorador se sentia a respeito dos perigos que sabia que teria de enfrentar, como eram os seus verdadeiros sentimentos e pensamentos na hora de enfrentá-los. Quando me apareceu uma oportunidade, perguntei-lhe: — O senhor sente medo quando se vê face a face com uma conjuntura importante, com a morte talvez?

Nunca esquecerei a calma expressão divertida com que Sir Hubert recebeu minha pergunta.

> Nunca conheci sensação de medo quando passei por uma experiência arriscada ou perigosa — respondeu ele. — Isso porque *antes* de partir numa expedição tenho combatido e vencido meus temores de qualquer coisa que possa acontecer. Tenho olhado para a frente e procurado antecipar mentalmente tudo que possa não dar certo. A gente só teme aquilo que não pode compreender ou para o qual a gente se sente despreparada. Considero um dever preparar-me para toda provável emergência. Procuro antever as falhas sérias que seriam materialmente impossíveis de impedir, e traçar um plano para superar essas falhas e sobreviver a elas quando acontecerem e se acontecerem.
>
> O resultado é que, quando estou numa expedição e de repente me vejo em apuros, minha mente salta logo para a solução do problema, assume o completo domínio mental e físico de maneira a não haver possibilidade de qualquer sensação de medo. Em outras palavras, visualizo-me enfrentando toda e qualquer situação vitoriosamente, e, como conseqüência, o medo não tem poder nenhum sobre minha consciência. Ele simplesmente *não* existe e *não* pode existir!

Poucos são os homens que conheci com o caráter e o quilate de Sir Hubert Wilkins. Compreendeu totalmente, e utilizou, no mais alto grau, os grandes poderes criativos de sua mente subconsciente. Contou-me uma vez que vira mentalmente a si mesmo fazendo tudo que mais tarde realizou; afirmou também, após nossas prolongadas experiências em telepatia a longa distância, em distâncias de três ou quatro mil quilômetros, que "uma ampla área, em grande parte inexplorada, ainda resta a explorar — a área da consciência humana".

Outros homens e mulheres têm dominado e estão dominando temores fundamente arraigados. Você pode fazer o mesmo. É mais simples do que você imagina agora. O poder de imaginar-se enfrentando uma situação igual com fortaleza maior será compreendido por você ao exercitá-lo. Cada vez que você repetir a imagem, ficará mais fortalecido em sua resolução.

Não tente forçar-se a visualizar estas imagens mentais. Tentar expulsar "pensamentos de medo" de sua mente significa que você ainda não tem certeza de que se pode livrar deles. Mas se você estiver convicto de que, seus temores não têm mais poder sobre você, poderá, calma e firmemente, substituir suas imagens de medo por imagens suas de completo domínio de suas emoções em todas as horas.

Imagine-se "patrão" de cada movimento, senhor de cada situação.

Um apelo a sua razão destruirá o medo. Você não tocaria, conscientemente, num fio de alta voltagem. Quão infinitamente mais perigoso e destruidor é o seu subconsciente, se usado impropriamente! E suas sensações de medo são como uma corrente elétrica, que, com o tempo, o eletrocutará, tão certo quanto um fio vivo, se você não aprender a modificar sua intensidade e vir a controlá-las.

O homem cria suas doenças e leva uma vida inteira lutando contra elas. Você pode curar a maior parte de suas doenças eliminando o medo. Portanto, aqui está sua libertação dos temores que causaram angústia e sofrimento! Ao girar o holofote de sua razão, de sua coragem e de sua fé sobre eles, seus temores se desvanecerão no ar, e você atrairá as coisas de valor que desejou durante tanto tempo.

O MEDO, PRAGA DA HUMANIDADE, DEVE SER VENCIDO

Hoje em dia o mundo é dominado pelo medo. A ameaça de bombas H e sabe-se lá que outros tipos de outras bombas mais destruidoras, paira sobre a terra. Em condições tão atemorizantes, não admira que a vida econômica de milhões de pessoas em todos os países esteja em melindrosa situação de desequilíbrio, e que o medo de uma terceira Guerra Mundial viva nos espíritos de grandes massas de povo. Acrescentem-se a isto os profundos ódios e rancores em ebulição entre diversas raças, os temores e desconfianças que existem de maneira trágica, e será preciso grande fé e coragem ao indivíduo para manter a atitude mental certa.

Mas, perante tudo isso, é absolutamente imperioso que você aprenda a dominar suas emoções, seus temores e aflições, que você se *imagine* recebendo a proteção do poder interior, a fim de que esteja são e salvo a despeito do que possa vir a acontecer no mundo de maneira geral, a fim de que você possa fazer tudo a seu alcance para ajudar a estender a sua influência para o bem o quanto for possível.

Seja positivo! Seja corajoso, acredite, tenha fé, prepare sua mente hoje, para que possa, em grau maior, controlar o seu futuro pessoal.

PENSAMENTOS PARA INCORPORAR EM SUA VIDA

> Compreendo que tenho medo apenas daquilo que não venci dentro de mim.
>
> Para eliminar o domínio que os temores passados têm tido sobre mim, devo rememorá-los e reexaminá-los ao imaginar-me enfrentando experiências semelhantes que possam surgir, da maneira como deveria ter feito na ocasião.

Todas as vezes que sentir tendência ao medo, deterei a imagem mental que o medo me impõe e assumirei o domínio consciente de mim mesmo.

Direi a minha mente subconsciente que não preste atenção a essas imagens de medo e imediatamente as apagarei de minha mente visualizando-me enfrentando corajosamente a situação.

Quando me tiver persuadido de que meus temores são em sua maioria tolos e não atendem a nenhum propósito construtivo, terão tendência a perder seu domínio sobre mim.

Lembrarei sempre a grande declaração:
"O medo bateu à porta; a Fé atendeu — e não havia ninguém!"

9

O Poder da Fé e da Autoconfiança

A fé não é apenas uma palavra; é uma força definida, um vitalizador, um acelerador, um organizador, uma influência dinamizadora que magnetiza as condições e inflama as pessoas à ação!

Os *realizadores* do mundo são todos *ativados* pela fé, *A fé é a mola-mestra da realização. Você precisa possuí-la para realizar — para mover-se e para mover os outros!*

Se lhe falta a fé, falta-lhe a autoconfiança, As duas andam de mãos dadas. Tendo fé e a autoconfiança trabalhando para você, não poderá perder! Aplique seu espírito em algum objetivo de valor; assente-o sobre o poder da fé em você mesmo, fé nas pessoas com quem está ligado, fé "naquela qualquer coisa" interior, que controla os destinos de cada um; elimine todas as idéias negativas; aja de maneira autoconfiante — que os obstáculos principiarão a desaparecer!

Como você sabe, a fé é a diretriz de todas as grandes religiões. Tem sido expressa continuamente por guias espirituais como Buda, Confúcio, Maomé, Moisés e Jesus e por muitos filósofos. Pode ser resumida numa única declaração: *"Se você acreditar, assim será!"*

Ora, esta afirmação não é sempre literalmente verdadeira. Acreditar apenas em alguma coisa, *qualquer coisa,* não a transforma em fato. Fico arrepiado quando ouço algumas pessoas religiosas usarem esta afirmação, como se lhe prestar louvor tivesse o efeito mágico de alguma palavra como "Abracadabra!" Usando a expressão "prestar louvor", quero dizer usar palavras sem convicção ou sinceridade, como se as palavras, por si sós, tivessem poder. O tempo de Aladim e sua lâmpada já passou, e talvez nunca tenha existido — assim como a vara de condão, o tapete mágico e todas essas coisas de contos de fadas e de lendas. Pode ser que divertissem e espantassem, mas sem base em fatos, sem realidade.

Há todavia *um* fato de que você deve lembrar-se sempre e que é um antigo conselho que você já ouviu muitas vezes:

A FÉ SEM OBRAS JÁ MORREU!

Quer sua crença ou fé esteja baseada ou não na realidade, nada acontecerá se você não puser um esforço verdadeiro por trás do que deseja.

Não há absolutamente dúvida sobre isso, embora milagres aparentes possam ser realizados através do adequado exercício da fé. Todas as grandes coisas são iniciadas por uma pessoa, o crente. Não importa onde ele apanhou a idéia original. Todas as grandes invenções são resultado do total plano da fé — crença em você mesmo, em suas idéias, sua capacidade de levá-las a cabo. Todos os supervendedores sabem disto. Eles usam o, poder. É por isso que são os supervendedores de religiões, utilidades, projetos. Cada campanha municipal, cada movimento para a frente, tudo que tenha valor, triunfa porque uma pessoa tem fé, é a força motora, a vela de ignição, é a fonte principal, e é capaz de vender às multidões aquilo em que tem fé — de transmitir a fé como um contágio. Pense nisso. Depois torne a pensar mais um pouco e pense novamente. Medite sobre isso, e compreenderá que cada palavra é verdadeira.

Você tem fé numa religião, num produto comercial, num movimento de grupo, porque no princípio alguém lhe inspirou fé a respeito. Você aceita determinadas pessoas como autoridades porque acredita nelas. Seja o que for que elas lhe disserem, você acredita sem discussão e aceita ou compra o que elas lhe oferecem. Isso é a fé.

De vez em quando alguém poderá enganá-lo e fazer com que você acredite em alguma coisa que não é bem isso; quando você descobre, fica em geral amargurado e desiludido. Diz: — Não acredito mais em ninguém — mas acreditará, porque acreditar é um traço fundamental da natureza humana. Você instintivamente quer acreditar nos outros e em você mesmo. Este mundo seria terrível se não pudéssemos confiar em ninguém.

O famoso árbitro "Foghorn" Murphy disse no rádio, no programa de Groucho Marx "You Bet Your Life", que a coisa mais "barata" que uma pessoa podia fazer era ser agradável aos outros, recebê-los com um sorriso e confiar neles — que isso rendia os maiores juros. Ele está mil por cento certo: a fé verdadeira em outra pessoa sempre dá resultado. Algumas vezes você pode aplicar mal sua fé, mas é raro. A maioria das pessoas faz um esforço adicional para corresponder à fé que você deposita nelas. Poderão decepcionar a outros, até tirar partido deles, mas dão tanto valor à *sua* fé que não desiludirão você.

Tenho encontrado homens e mulheres que me dizem: — Para quê o senhor perde tempo com esse malandro bêbado? Não se pode contar com ele. Na primeira oportunidade ele o roubará ou tirará partido do senhor.

Pois bem, tenho depositado minha fé em centenas e centenas de homens e mulheres até agora, e ainda não fui deliberadamente decepcionado. Alguns dos sujeitos em quem confiei eram fracos demais para manterem um nível estável, mas não chegaram a me "apanhar". Sentiram mais do que eu terem falhado em corresponder ao apreço que lhes dedicava, e a maioria corrigiu-se e tem procurado melhorar. Sabem que eu ainda deposito confiança neles — que não os condenei, que estou sempre disposto a ajudar, quando e onde puder. Mas sabem, também, que isso compete fundamentalmente a eles, que nenhuma pessoa pode ser ajudada além de certo limite, que têm de realizar a tarefa de se reerguer, sozinhos, através da fé.

O poder interior só pode agir por você, se você tiver fé nele!

A experiência é o maior e, ao mesmo tempo, o mais severo mestre. Pela experiência, você *sabe* o que fez erradamente; acabará percebendo. E depois de saber, você enceta a sua correção, compreendendo que precisa de um poder maior do que você mesmo para ajudá-lo a endireitar seus casos e começar a pensar com justeza. Assim você descobre "aquela coisa qualquer" interior, e diz: — Eu creio! E isto monta uma corrente magnética em você que principia a atrair aquilo em que você acredita. E quando puder sentir e ver chegarem as coisas que imaginou através da fé, dirá: — *... e é assim!*

Esse é resumidamente, o processo. Pode não ser religioso num sentido ortodoxo, ou de credo, mas é espiritual, metafísico. É aquilo que os líderes espirituais de todos os tempos têm dito, reduzido à linguagem cotidiana.

Há inúmeras campanhas organizadas em funcionamento cujo propósito é levá-lo a acreditar nisto e naquilo. Pare e pense um instante. O que é a propaganda, qualquer tipo de propaganda, a boa e a má? Geralmente nem mais nem menos do que planos bem desenvolvidos e engenhosos para fazê-lo acreditar. Você a viu durante a guerra e quando o país ou o mundo se viu diante de grandes problemas; se você estiver atento ao que se passa à sua volta, sabe que *hoje* ela está sendo acionada mais do que nunca em todos os ramos da atividade humana, tal como deu resultado há milhares de anos, e como sempre dará!

Tenha muito cuidado com o que você é tentado a acreditar. Tenha certeza de que está de posse de fatos inalterados, sem prevenção e sinceramente. Se assim não for, contenha seu julgamento e não permita que sua razão e sua intuição sejam empolgadas por apelos emocionais que parecem convincentes.

Se, quando estiver lendo o jornal, ouvindo o rádio, assistindo à televisão, você se lembrar de meu tema, compreenderá que todos os discursos de seus líderes, nossos grandes administradores, chegando até nós com regularidade cronométrica, estão sendo transmitidos com um objetivo — fazer-nos acreditar. Estes homens sabem disto. Assim, estude tudo o que é dito hoje, pese os dois lados, tire suas conclusões, forme sua opinião o mais honestamente e sem prevenção que puder, antes de acreditar.

Cada um de nós, posto no caminho certo, pode realizar o que procura mantendo diante de si esta declaração: — Se acreditar nisso, assim é — e adotando este velho ditado: "Onde há uma vontade, há uma maneira!"

Em outras palavras, faça aquela força de vontade, aquela fé, aquela crença, trabalharem todos os minutos do dia — vinte e quatro horas por dia, sete dias por semana, trezentos sessenta e cinco dias por ano. E eu lhe prometo, se assim fizer, você disparará na frente das pessoas no progresso que fará, com a rapidez com que as descargas elétricas de alta freqüência oscilam através do éter!

A crença leva você aonde quer ir com a velocidade de um jato. A dúvida e a descrença o levam na mesma velocidade para a direção oposta. A crença sempre magnetiza; a descrença sempre desmagnetiza.

Você conhece alguma coisa sobre a eficácia da oração. O que é a oração senão a expressão de uma carência ou de um desejo profundamente sentidos, fervorosos e sinceros? Disse o Grande Mestre:

O que for que desejares, quando orares, acredita que o receberás, e tu o terás.

E é verdade! Todos nós conhecemos o efeito de nossos desejos sobre nós mesmos e o quanto os acontecimentos são influenciados pelos grandes desejos. Através dos séculos, todas as mudanças econômicas têm sido devidas ao desejo do homem de beneficiar a si próprio. Assim mesmo, *devemos* acreditar, ter fé. Do contrário, nossos recônditos desejos (orações) tornam-se simples bolhas estouradas.

Disse também o Grande Mestre:

Todas as coisas são possíveis para aquele que crê.

Você já ouviu tudo isso, mas o que fez e o que vai fazer com isso?

A crença — a fé — é uma coisa que precisa tomar posse de você depois que você se apossar dela. Tem de penetrar em você e agir "de dentro para fora". Quando você acredita suficientemente em alguma coisa, você lhe dá vida em sua mente. O poder criador interior a cria para você. Depois começa a agir para duplicá-la em sua vida exterior. Se você não deixar seus temores, aflições e dúvidas mudarem esta imagem, o molde original que você deu a seu subconsciente, chegará um dia em que você a verá materializada tal como estivera em sua consciência.

Acredite — tenha fé — e como eu disse, e volto a dizer para imprimi-lo indelevelmente em sua mente: — O que você quiser pode ser seu!

O FORMIDÁVEL PODER DA FÉ!

Você acha que a fé não é prática, que não pode fazer as coisas que você reivindica? Aqui está uma prova legítima da ação da fé quando as probabilidades eram de *milhões* a um contra qualquer poder no universo para salvar este homem! (Depois que relatei esta experiência pela primeira vez no livro anterior sobre o TNT, numerosos homens e mulheres me escreveram dizendo que isso dera, a sua fé em si mesmos e no Poder Divino interior, um impulso extraordinário. Recebi também uma carta do próprio homem, citando o meu relato de sua experiência dramática. Em minha resposta tive o prazer de lhe dizer o quanto seu exemplo de fé significara e significaria para inúmeras outras pessoas.)

Ouça esta notável aventura de fé, e prepare-se para um grande soerguimento espiritual!

Em setembro de 1949, um soldado da Marinha, de dezenove anos, William Toles, de Rochester, Michigan, foi varrido para o mar de seu porta-aviões, sem salva-vidas. Eram quatro horas da madrugada e ele estava em alto mar ao largo da costa d'África! Ninguém o viu cair no mar, e ele viu quando bateu na água que a probabilidade de salvamento era quase nula.

Em vez de ceder ao pânico, entretanto, o jovem Toles despiu as calças, atou as pernas das calças e usou os fundilhos para captar o vento que dilataria as pernas, compondo assim um improvisdo colete salva-vidas.

Na sua narrativa, Bill Toles diz que procurou seguir o costume do soldado raso de "não se preocupar com o futuro". Percebia que dariam por falta dele a bordo na chamada das oito horas e que enviariam aviões à sua procura, uma vez que estava num navio de guerra que navegava longe dos cursos dos navios regulares.

Bill Toles tinha tal domínio de si mesmo que até procurou dormir apoiando a cabeça sobre uma das pernas infladas do uniforme, mas ondas enormes o mantinham acordado. Dominando seus temores, este jovem marujo apelou para sua fé "naquela qualquer coisa" — o poder divino que havia dentro dele — e ia dizendo sem parar: — *Por favor, meu Deus — faça com que eu seja salvo... Por favor, meu Deus — faça com que eu seja salvo!*

Naquela tarde, às três horas, depois de Bill Toles já estar *onze* horas na água, foi avistado por marinheiros do *Executor,* cargueiro da *American Export Lines,* que ficaram espantados ao descobrir um homem no oceano!

Mais espantoso ainda, o capitão não sabia explicar como havia desviado seu navio da rota habitual ao largo da Africa para uma rota espanhola que cortava a rota do navio de guerra de regresso à terra!

Se ele não tivesse feito isso, teria passado a várias centenas de quilômetros do pontinho no imenso oceano onde Bill Toles, com a sua fé inabalável em Deus, estava esperando o salvamento!

Bill estava em tão boa forma física, depois de tudo que passara, que subiu sem auxílio a escada do *Executor* e foi brindado com champanha pela tripulação do navio!

Mas o primeiro gesto de Bill Toles foi agradecer a Deus por ter respondido a sua oração.

Você duvidará outra vez, diante de tal testemunho, de que "todas as coisas são possíveis para aquele que crê?"

Que foi que *moveu* o capitão a mudar a rota de seu navio e ir exatamente para aquele minúsculo ponto nos milhões de quilômetros quadrados de água, a fim de que pudesse apanhar um homem que acreditara que Deus faria com que fosse salvo?

Não há limite para o alcance da mente e do espírito! Qual é a força de sua fé? Deverá ficar muito mais forte depois disto. Você talvez nunca seja solicitado a exercitar uma fé assim, em tão críticas condições. Deverá ser, portanto, mais fácil para você saber, acreditar e dizer — É isso mesmo — a respeito de tudo que precisar na vida..

Um dia destes, seu navio o encontrará, carregado de tudo o que você deseja, se se mantiver firme com a sua fé.

Lembre-se de que eu disse que os *fazedores* do mundo são os crentes. Eles acreditam em si mesmos, nas suas faculdades interiores e na sua capacidade de apelar para o Poder Divino interior quando for preciso. Você não tem meio de saber o quão profunda é a *sua* fé enquanto ela não for posta a prova.

UMA PROVA DE FÉ

Há algum tempo, o grande equilibrista Blondin caminhou sobre um arame estendido sobre a catarata do Niágara. Foi uma assombrosa demonstração de equilíbrio e de domínio dos nervos. Os jornais do país ficaram repletos com a história. As manchetes anunciavam que Blondin anunciara que no dia seguinte ia empurrar um homem num *carrinho de mão* — no mesmo arame!

Poucos acreditavam que ele o faria. Mas um homem, chamado Ruth, percorreu as ruas de Niágara, oferecendo-se para apostar com quem quisesse que Blondin poderia e iria realizar este feito. Na manhã da anunciada performance, o sr. Ruth encontrou-se cara a cara com o grande Blondin em pessoa. Foram rodeados por uma multidão de habitantes da cidade.

Ao apertar a mão de Blondin, o sr. Ruth disse: — Senhor Blondin — sou um de seus torcedores. Creio que o senhor conhece o seu ofício. Creio que o senhor pode fazer o que diz. Creio que levará o homem sobre o desfiladeiro sem perigo!

O grande Blondin sorriu. — É realmente um prazer conhecê-lo, senhor Ruth — disse ele. Procurei o dia inteiro por um homem como o senhor. Quero que o SENHOR entre no carrinho de mão!

Dizem que o sr. Ruth nunca mais foi visto!

Bom, vamos deixar o sr. Ruth fora disto. Você teria entrado naquele carrinho? UM homem *entrou* — vi fotografias verdadeiras desse acontecimento espetacular — e foi levado através do desfiladeiro e *de volta* naquele arame pelo grande Blondin, sem acidente.

Em qualquer crise da vida, sua *fé* deve ser igual a esta crise, senão você não será capaz de enfrentá-la. O poder do TNT que há dentro de você será incapaz de ajudá-lo.

Sua *fé* deve ser positiva, esperançosa, firme e absolutamente sincera, senão ela não ativará "aquela qualquer coisa", a força criadora interior, que deve ser ativada antes que aquilo que você imaginou possa ser atraído para você.

Numa emergência, não tente forçar a resposta em nenhuma ocasião, porque a Consciência Divina não age dentro das limitações de tempo da terra. Determinar um limite de tempo o tornará tenso e o fará duvidar de que receba auxílio a tempo.

A única coisa a fazer é manter a fé e a confiança em que o auxílio chegará na hora em que mais precisar. Esta atitude mental libertará o poder criador dado por Deus de toda e qualquer limitação, capacitando-o a proporcionar-lhe o auxílio e a orientação para enfrentar sua crise específica.

Bill Toles não discutiu se Deus sabia Seu ofício, quando ele ia dizendo, com fé: — Por favor, meu Deus — faça com que eu seja salvo! Ele *sabia, acreditava,* e assim foi!

Ponha de lado para sempre suas dúvidas porque:

Se você acreditar, assim será!

PENSAMENTOS PARA INCORPORAR EM SUA VIDA

Sei que sou incapaz de realizar qualquer coisa de valor sem ter fé em mim mesmo e no poder de Deus.

Compreendo também a verdade da declaração muitas vezes invocada: "A fé sem obras já morreu."

Se espero alcançar êxito, devo, em apoio a minha fé, desenvolver todos os esforços sinceros e fervorosos em vista de meus objetivos.

A maneira de fortalecer minha fé é estudar os corajosos exemplos dos outros que demonstraram fé em si mesmos em situações de grande apuro e resolver-me a imitá-los.

Depois de imaginar o que desejo realizar ou alcançar na vida, será útil eu poder dizer, com profunda convicção: — Acredito nisto — e assim é!

10

O Poder das Palavras Faladas e Escritas

Você está vivendo numa época de *cenas* e *sons* mecanizados e produzidos eletronicamente! O ar à sua volta está congestionado pelas ondas do rádio e da televisão. E, se descobríssemos um modo de situá-las, sem dúvida descobriríamos estarmos também rodeados por imagens do pensamento tanto como da televisão, uma vez que tudo no universo tem uma ordem e uma espécie de vibração.

Pense em todas as estações de rádio e de televisão transmitindo continuamente; depois pense em todas as mentes deste planeta que também estão em funcionamento. Sob forma de energia ou de impulsos, uma coisa qualquer que ainda não compreendemos está se desprendendo da consciência humana. É bom que estejamos comumente isolados do recebimento consciente de tudo o que acontece à nossa volta no mundo invisível. Felizmente, podemos escolher o que desejamos introduzir em nossas mentes pelos olhos ouvidos e outros sentidos. Mas a Ciência está trabalhando arduamente, procurando inventar dispositivos que possam atingir nosso subconsciente e nos impressionar sem que o percebamos, na ocasião — como a propaganda *subliminar.*

Veja, agora os cientistas sabem que numa fração de segundo os olhos e ouvidos gravam muitas cenas e sons que não registram, conscientemente. Assim as pessoas que nos querem revender alguma coisa imaginam que, se puderem exibir uma imagem ou algumas palavras na tela do vídeo tão rapidamente que nossas mentes conscientes não as possam captar, atingirão o subconsciente e, pela repetição, conseguirão plantar aí suas idéias e influenciar nossos futuros desejos e ações!

Bem espertos, não é?

Compreumsabonete. . . compreumsabonete. . . sabonete. . . sabonete. . . sabonete. . . sabãoempó. . . essaéamarcaregistrada. . . sabãoempó. . . peçasabãoempó!

Velozmente — diante de seus olhos, e o seu subconsciente deverá decifrar esta algaravia. Estou naturalmente exagerando e simplificando. A propaganda subliminar é muito mais sutil e de maior potência do que isto. . . e quando se acrescentam imagens fugazes ao bombardeio do cérebro, absorve-se um verdadeiro fogo de barragem quando se vêem e se ouvem comerciais. O mesmo se dá com qualquer idéia que lhe é servida, por um ou por outro motivo, por meio dos diferentes meios de comunicação. Sua mente está reagindo nos planos conscientes e subconscientes a coisas que estão acontecendo em você e em volta de você em todas as ocasiões, acordado e dormindo. No caso deste fogo de barragem publicitário, a intenção é influenciá-lo subconscientemente para que sua mente consciente não ofereça resistência no início — e depois, com a repetição, tornar com o tempo estas idéias aceitáveis ao seu eu consciente!

Ora, se aqueles que têm alguma coisa para vender estão dispostos a desenvolver um esforço tão grande para alcançá-lo e persuadi-lo, não deveria você dedicar alguns momentos todos os dias para decidir por você mesmo o que quer fazer com sua mente e sua vida?

Lembre-se de que o que seus olhos vêem e seus ouvidos ouvem, se visto e ouvido com freqüência suficiente, constitui parte de sua existência. É por isso que os cientistas e os anunciantes se interessaram por todos os tipos de auxílios e registros visuais, visando a impressionar as mentes de diversos grupos e classes de pessoas.

Algumas pessoas são mais influenciadas pelo que vêem, outras pelo que ouvem. Depende de qual o sentido que se acostumaram mais a utilizar durante a infância.

Você pode estar numa viagem de automóvel com alguém e reparando em coisas, durante o trajeto, que a outra pessoa não vê. Ele ou ela não é exercitado em observação como você, mas pode lhe dizer: — Você ouviu isso? — E você pode responder: — Não, que foi? — Há vários graus de sensibilidade na visão e na audição.

— Eu era tão criticado em criança que não queria ouvir o que se dizia eni volta de mim, por isso agora não ouço tão bem quanto deveria — disse-me uma vez uma pessoa.

— Quando eu era criança — contou uma senhora — vi uma coisa que não devia ter visto. Isso me abalou de tal maneira que desde essa ocasião tenho tido medo de usar os olhos mais do que for preciso para ver o que tenho de ver. Acho que não estou prestando atenção a muitas coisas que acontecem à minha volta porque no íntimo penso que não é de minha conta e que não devo reparar nelas.

As inibições são uma das grandes pragas da raça humana, mas nós todos temos o nosso quinhão, de uma forma ou de outra. É quase impossível não ter adquirido algumas, durante o processo de crescimento.

Entretanto, como adultos, deveríamos ter a inteligência de identificar e eliminar tantas dessas peias emocionais quantas possível, para que possamos libertar-nos de sua influência destruidora sobre nós.

Portanto, imaginar as coisas que você quer ter e fazer na vida é um bom método de cristalizar e fixar seus desejos para que sua mente possa concentrar melhor sua atenção neles. E quanto mais você puder manter a imagem ou imagens diante de você, mais impressionado ficará o poder interior para ajudá-lo a materializá-las.

PONHA SUAS IMAGENS DE PALAVRAS EM CARTÕES, OU GRAVE-AS EM FITA

Há dois métodos poderosos que você pode utilizar para reforçar o que está imaginando para você; vão ajudá-lo a manter predominantes os seus objetivos em seus pensamentos.

1 Escreva uma imagem em palavras em pequenos cartões, de fácil acesso, de modo que você possa consultá-los o mais freqüentemente possível.

2 Se tem um gravador, diga seus desejos nele em forma de declarações ou afirmações positivas, para que você possa acioná-lo, a intervalos ou ao deitar-se, e receber o impacto sugestivo de sua própria voz.

Você tem agora um auxiliar *visual* assim como *audível* funcionando para você.

Não quero dizer que tenha de andar por aí falando sozinho e escrevendo cartas a você mesmo, mas você entendeu! Não transforme isso num amuleto, não exagere, mas não fará mal nenhum pregar um cartão acima do espelho para ser visto de manhã, quando se barbear ou pentear-se. Possibilite aos pormenores de seus desejos, resumidos no cartão, aumentarem à medida que você continuar a desenvolver suas imagens mentais.

Mantenha outro cartão acessível à vista enquanto almoça, enquanto janta. Use novamente os cartões, imediatamente antes; de se deitar. Faça-o sempre. Lembre-se do poder infalível da *repetição!* Entretanto, não há razão para escrever seus desejos enquanto você não tiver decidido que cada simples pormenor daquilo que você quer deverá ser fotografado permanentemente em seus pensamentos, para ali permanecer até se tornar uma realidade.

Se o que está imaginando para você mesmo é de natureza pessoal e há pessoas por perto que não estariam de acordo com seus desejos, ou que considerariam este método uma tolice, então guarde com você os seus cartões, e só os estude quando tiver um momento e uma oportunidade de ficar só.

O mesmo se aplica ao uso das gravações em que você declara seus desejos e ambições. Se houver um defeito ou um hábito que você deseje corrigir, a declaração em sua própria vez de sua resolução de eliminá-lo é um remédio poderoso. Sua mente subconsciente a absorverá e começará a erguer barricadas contra este defeito ou hábito. Toda a vez que você se sentir tentado a recair no mesmo costume, seu subconsciente lhe dará uma cutucada mental: — Pare! Você não vai fazer mais isso — lembre-se? Isso faz parte do seu passado. Não tem lugar no seu presente ou no seu futuro!

ESCREVA-O OU DIGA-O!

Há um poder formidavel nas suas palavras faladas ou escritas. Pode pelo menos haver, se você sente o que escreve e diz sobre você mesmo! Você tem de *senti-lo* e tem de *acreditar* que conseguiu o que é preciso para *ganhá-lo.*

Você não pode conseguir uma coisa de graça, e tem de imaginar *alguma coisa* antes de poder ter *qualquer coisa.* As coisas não acontecem inesperadamente, nem mesmo as tempestades. Os elementos têm de estar lá, ou ser postos lá, para produzirem um acontecimento.

Plante essa imagem em sua mente! Um quadro perfeitamente pormenorizado da coisa ou coisas exatas que deseja. Não fará mal nenhum imaginar mais de um objetivo ao mesmo tempo, contanto que não sejam conflitantes contanto que você possa imaginá-los separadamente, um de cada vez. O poder criador interior pode operar em tantos projetos quantos você desejar, e aos quais possa dar sua atenção e seus esforços!

Escreva-os e fale-os! Faça tudo que é possível para ajudar a externá-los, para fazê-los passarem para o seu mundo exterior!

Se o que você quer é o aumento de vendas, determine a soma exata; se é alguma coisa que deseja que outra pessoa faça para você, o amor de uma mulher ou o amor de um homem, uma nova coleção de vestidos ou um automóvel novo — *escreva isso e fale-o.* Diga a você mesmo que esse desejo está prestes a concretizar-se, que já passou para sua mente. Você *sabe* que vai atrair o que é necessário para habilitá-lo a alcançar seu objetivo!

Não importa que você seja vendedor, empresário, mecânico, escritor, dona de casa, astronauta ou seja lá o que for; se está à procura de dinheiro, amor, melhora da posição social, da profissão de advogado ou de médico — não faz absolutamente nenhuma diferença. Você tem o mesmo poder dentro de você, pronto para lhe trazer o que quer. Você pode adquirir tudo que deseja — um par de sapatos ou um palacete. *Você especifica* — toma nota — *diz — e passa a trabalhar nele!*

Constantemente, as oportunidades vão passando por você, na corrente da vida, se você não estender a mão e as agarrar! Se não souber o que está procurando, como poderá conseguir?

Todas as maneiras pelas quais você puder expressar o que deseja, escrevendo, falando, por imagens, ajudarão a vitalizar o poder criador interior e manter seus pensamentos imantados no alvo.

Alguns homens e mulheres conservam um envelope grande com o título "Os Desejos de meu Coração", no qual registraram descrições do que querem, das mudanças que desejam fazer em suas vidas, economicamente, pessoalmente, fisicamente, mentalmente, espiritualmente. Reservam determinados momentos durante o dia ou à noite quando podem ficar sozinhos e relêem e refletem sobre as diferentes expressões escritas de desejos sinceros. Comparam cada um e fazem uma relação para ver se fizeram progressos a respeito dos alvos respectivos. Quando alcançam determinado objetivo, escrevem "fechado" sobre o envelope e escrevem no cartão um testemunho de seus agradecimentos ao Poder Divino interior por ajudá-los a realizar seu sonho. Voltam-se depois para outra coisa, permanentemente expandindo-a e desenvolvendo-a. É um processo interminável, esplêndido e agradável!

Se você está apenas começando, precisará refazer seu raciocínio, eliminando muitos pensamentos errôneos e reações emocionais que já estão na consciência. Para tal fazer, será útil anotar o que você acha que *deveria* ser sua atitude certa para com os outros, para com o dinheiro, os negócios, tudo o que tenha importância e com que você terá de lidar na sua vicia cotidiana.

IMAGENS COM SENTIMENTOS POR TRÁS DELAS!

Pense em quadros que você viu — pinturas, fotografias, paisagens — retratos de família e dos amigos em ação, em atividades de diversas espécies. Quantas imagens destas você recorda? Quantas permanecem em sua memória e por que? Vou dizer-lhe. Porque alguma coisa naquelas de que você se lembra despertou seu interesse pessoal e prendeu-o você viu alguma coisa de você mesmo e de suas ações nelas, sentiu uma afinidade em alguns de seus traços; elas despertaram seus sentimentos; estas imagens fizeram tal impressão em você que nunca poderá ou quererá esquecê-las. Na verdade, estas e outras imagens que você viu, e inúmeras imagens que você mesmo criou em sua imaginação, ainda fazem impressão em você na consciência — onde tudo que você viu, ouviú ou sentiu continua a existir em forma de imagem!

Os sentimentos ligados a essas imagens também estão influenciando você. De fato, é sua reação sentimental a tudo o que lhe acontece que mais o influencia. A profundidade de seu sentimento a respeito de qualquer coisa que deseja, como já disse e deliberadamente torno a dizer, determina a intensidade com que o poder criativo interior magnetiza as condições ao seu redor e atrai, para você, o que deseja. É óbvio que se você temer profundamente que alguma coisa lhe aconteça, fará com que este poder criativo trabalhe com o mesmo magnetismo para atrair o que você teme.

Elimine o medo de sua vida pondo por escrito declarações de coragem, fé e autoconfiança. Grave-as e depois ouça-as. Leia suas palavras e ouça a sua voz! Você *sabe* e *acredita* que vão acontecer coisas boas. Estará excluindo da consciência todos os pensamentos de medo e de aflição. Você compreenderá, se permite que permaneçam, que só poderão atrair condições adversas.

Sua mente *consciente* é uma peneira e um filtro ao mesmo tempo. Ela traz tudo o que lhe acontece neste mundo exterior e filtra para o subconsciente em forma de imagens mentais. Este é seu processo normal e automático, a não ser que você interrompa imagens e as altere, ou não permita que o que reconhece como imagem errônea passe pela peneira!

Ora este pensamento pode chegar-lhe como um abalo! A mente consciente descontrolada de qualquer individuo é pouco mais que um esgoto aberto que absorve toda espécie de refugo e de entulho sob forma de pensamentos e sentimentos errôneos, ao mesmo tempo que os bons. Se você não ficar de guarda ao que absorve, não háverá peneiramento nem filtragem entre o bom e o mau. Irá tudo para a sua consciência interior. E o que entrar acabará vindo da mesma forma, ou permanecerá dentro para atrair mais coisas idênticas, porque — vou dizer mais uma vez — os iguais sempre se atraem!

Você já ouviu falar na "corrente-da-consciência". Aí está uma descrição bastante exata. Os pensamentos vão correndo para dentro e para fora de sua mente sem parar.

CONTROLE A NATUREZA DE SUAS IMAGENS!

Aviso: Não permita que a corrente de sua consciência fique mais poluída do que está! Aplique sua *peneira!* Detenha todos os pensamentos de medo e de aflição, todas as reações emocionais, antes que entrem na sua consciência interior onde lhe poderão causar dano incalculável. Comece peneirando os pensamentos e sentimentos errôneos que já estão boiando na corrente de seu subconsciente. Faça-os esgotarem-se. Livre-se deles. Clarifique esta corrente a fim de que ela possa refletir os pensamentos bons e sãos que você agora está emitindo sobre as águas de sua experiência da vida.

Tome nota do que você quer ser. Diga-o em voz alta. Elimine de sua vida o que você *não* quer ser! Diga a você mesmo que não existe mais para você!

A prática constante de se expressar no papel e por meio de afirmações de viva voz fará milagres. E breve você poderá formar as imagens quando quiser, sem o emprego de cartões ou gravações de sua voz a não ser que você deseje continuar, devido ao proveito que vai retirando.

Não tenha medo de exagerar, ou de ser imoderado nos seus votos e desejos, porque, como já disse, você pode ter cada coisa única que deseja, *dentro do razoável,* se seguir fielmente esta técnica e estiver disposto a desenvolver o necessário esforço em apoio ao que vai imaginar para você mesmo!

Quando você visualiza e mantém as imagens firmes e seguras, a ação vem em seguida, porque, afinal de contas, a ação não é nada mais que *pensamento ativado.*

Nunca perca sua visão (suas imagens mentais) porque, como disse há quase três mil anos o Rei Salomão: — Onde não há visão, o povo perece.

Guarde na mente que este tema é velho como o homem. Estou apenas dando a você a mensagem em palavras de hoje e esboçando um sistema de mecânica simples que pode ser usado por qualquer pessoa.

Como todos sabemos, "A prova do pudim está no comer". E se você tiver qualquer dúvida de que eu lhe esteja dando ou não ciência exata, *experimente-a!* O automóvel começará a tomar forma, você conseguirá os suportes novos e os tijolos do palacete irão para seus lugares como se uma mão mágica os tivesse tocado.

O peso da evidência está do lado dos milhares e milhares de homens e mulheres felizes, vitoriosos e saudáveis que já demonstraram e estão demonstrando o trabalho "daquela coisa qualquer" — o poder criador divino — em suas vidas cotidianas!

Mantenha um registro escrito das coisas que quer e vá conferindo. Em breve você estará assinalando a obtenção de cada uma delas no decorrer de suas atividades.

Pare de sonhar acordado, expulse suas dúvidas, ponha-se ao trabalho, tente anotar ou falar seus desejos, ou faça as duas coisas.

Dá resultado!

PENSAMENTOS PARA INCORPORAR EM SUA VIDA

Estou ciente do poder da sugestão e que se estão desenvolvendo esforços organizados de anunciantes e publicitários para influenciarem meus desejos, minhas opiniões e minhas decisões.

É um bom costume representar por palavras, em cartões, o que desejo realizar, aos quais posso recorrer de vez em quando durante o dia e à noite, ou gravar essas mesmas palavras a fim de que possam ser acionadas mais de uma vez. Desta maneira terei auxiliares tanto visuais como audíveis trabalhando para mim.

Devo controlar, sempre, a natureza de minhas imagens mentais, para impedir que sejam deturpadas ou modificadas por temores e dúvidas ou pela provável influência desfavorável dos outros.

Há um poder formidável nas palavras faladas e escritas, quando são realmente sinceras e representam sentimentos intensos.

11

O Poder de Controlar os Desejos Exagerados

Que espécie de hábitos você transporta na viagem pela vida? Adquiriu alguns, como fumar e beber, que o estão prejudicando? Sob as tensões diárias, as decepções e as frustrações, contraiu a tendência a fumar demais e a beber demais?

Esta é uma regra salutar a seguir: *Moderação em todas as coisas.* Se pudéssemos manter esta regra, enfrentaríamos poucas dificuldades sérias na vida. Infelizmente, não são muitos os que podem.

Por exemplo, se o seu costume de fumar ou de beber se tornou exagerado, você tem nas mãos um problema importante. É muito mais fácil impedir que um costume ou o desejo de uma coisa qualquer se desenvolva, do que eliminá-lo, depois que ele passa a dominá-lo.

O método para sobrepujar um costume ou um desejo que se tornou prejudicial para você é o mesmo que se aplica a qualquer padrão estabelecido de procedimento, mas, como hoje em dia o fumar e beber excessivamente passou para o primeiro plano dos problemas de saúde física, vamos manter o foco da atenção sobre eles.

Como se formam os costumes e os desejos?

Ora, como sabe a maneira de sua mente agir, deve poder contar-me. Toda a vez que você repete uma ação, ela fica armazenada na sua mente sob forma de imagem mental, juntamente com a reação emocional que você teve no momento. Estas sensações são fortalecidas e intensificadas pela repetição. Por exemplo, quando você quer decorar alguma coisa, repete-a uma porção de vezes. Por fim a mente se apodera dela, e você pode recitá-la quase de trás para diante sem pensar. De certo modo, tornou-se parte de você.

Um costume não é mais do que um padrão mental — uma maneira de fazer uma coisa qualquer — que com o tempo se torna tão evidentemente natural para você como o ato de respirar. Este costume, apetite ou desejo, uma vez instalado permanece com você, até que você faça alguma coisa para livrar-se dele.

Antes que um desejo seja criado, não tem domínio emocional sobre você. Mas pela repetição de uma experiência nova (mesmo que não seja especialmente agradável no princípio) até você se acostumar com ela, poderá chegar a apreciá-la e até pensar em provar novamente o mesmo tipo de sensação.

Muitos homens e mulheres afiançaram que a princípio não acharam agradável fumar ou beber. Mas continuaram assim fazendo porque quase todos pareciam sentir prazer nisso, e eles acabaram gostando. Além disso, poucas pessoas encontram prazer fazendo coisas sozinhas, e fumar e beber são em geral ligados à sociabilidade. Isto tem levado à desculpa que muitos homens e mulheres apresentam: — Eu não gosto particularmente de fumar e beber — apenas assim procedo para ser sociável.

Como se rompe o costume de fumar ou de beber? Se você quer de fato parar, não há meias medidas. Você não conseguirá, simplesmente diminuindo gradativamente, reduzindo um tanto por dia até chegar a não fumar e não beber. E não pode vencer dizendo a você mesmo: — Vou ficar sem fumar nem beber uma semana, um mês ou um ano.

Um importante homem de negócios tornara-se alcoólatra, fato que não desejava admitir. Dizia aos amigos: — posso parar na hora em que quiser, e para prová-lo a você, vou parar agora mesmo e não tomarei nem um drinque pelo menos durante um ano!

Fiel a sua promessa, este homem, para espanto dos amigos, parou mesmo. Mas, exatamente na data em que terminava o ano, tomou a maior bebedeira de sua vida. Tinha contado os dias e os meses, enquanto este desejo crescia dentro dele, mas sua integridade — o hábito que criara de manter qualquer promessa que fizesse — impedira-o de beber até que passasse a data que marcara! Depois, livre da promessa que fizera a si mesmo e aos outros, perdeu o controle!

HISTÓRIA DE UM CASO ESCLARECEDOR

Uma bela mulher de uns trinta e cinco anos, a quem chamaremos Sra. Gulley, assistia a uma de minhas conferências em Los Angeles. No final, ela parou no balcão dos livros, apanhou um exemplar de meu livro *Anyone Can Stop Drinking — Even You* e me acompanhou até a saída.

— Sr. Sherman — disse ela. Estou horrivelmente preocupada com meu marido. Tem bebido demais ultimamente mas não quer ir ao médico ou ao psiquiatra ou aos Alcoólatras Anônimos. Quando sugiro que tome alguma providência, ele fica furioso. O senhor acha que se eu comprasse este livro e o levasse para casa ele o leria?

— Duvido muito — respondi. Todo aquele que se torna beberrão geralmente não ouve os amigos ou as pessoas queridas, nem admite que tem um problema. É o último a enfrentar a realidade e continuará protelando encarar a situação o quanto puder.

— Assim mesmo — disse a Sra. Gulley — vou levar este livro para casa e deixá-lo à vista na esperança de que ele tenha curiosidade suficiente para percorrê-lo.

Duas semanas mais tarde, recebi um telefonema da Sra. Gulley.

— Meu marido admitiu que leu alguns trechos de seu livro — contou ela. Mas novamente fez papel ridículo numa festa ontem à noite. Tivemos uma conversa hoje de manhã e eu

(*) Qualquer Pessoa Pode Parar de Beber — Até Você. (N. T.)

disse a ele que *tinha* absolutamente de fazer alguma coisa a respeito da bebida. Ele é completamente contra os Alcoólatras Anônimos. Diz que *não* é alcoólatra e se recusa a ser ligado a essa organização. Mas acho que poderia conseguir que ele fosse ver o senhor, uma vez que o senhor não é médico nem psiquiatra. Ele parece ter pavor de que eles lhe possam dizer ou fazer. O senhor poderia por favor deixar-me levá-lo até o senhor?

Naquela noite, a Sra. Gulley apareceu no meu apartamento com o marido. Gostei dele imediatamente. Tinha uma personalidade calorosa e expansiva e um sorriso cativante. Ao apertarmos as mãos, o Sr. Gulley me disse: — Sr. Sherman, é muita amabilidade de sua parte receber-nos, mas quero deixar claro logo de início que não tenho problema nenhum. Apenas estou aqui, a pedido de minha mulher, para sossegá-la.

— Ora, Fred — tentou intervir a Sra. Gulley — Você sabe que. . .

— Oh, eu bebo um pouquinho vez ou outra — continuou ele. — Quem não bebe?... E quando bebo Molly naturalmente fica um pouco transtornada. Mas posso parar na hora que quiser. Positivamente, *não sou alcoólatra!*

— Não estou dizendo que é — respondi — Qual é sua profissão?

— Sou projetista de mísseis — disse ele.

— Deve ser um trabalho extremamente rigoroso e árduo nos dias de hoje — conjeturei.

— É claro que é — disse ele. O Governo está nos apertando. Várias coisas não deram certo. Temos trabalhado horas extras.

— Imagino que muitos de seus colegas estão sob as mesmas tensões?

— A maioria deles é de grandes bebedores — adiantou-se a Sra. Gulley. Eu digo ao Fred que ele não pode, competir com os colegas.

— Ela está exagerando — replicou o Sr. Gulley. Precisamos de um pouco de descanso. Alguns drinques ajudam a relaxar. Não há mal nenhum nisso.

— Nenhum — garanti. — Beber em sociedade — *beber com moderação* — nunca fez mal a ninguém.

— Está vendo, querida — disse o Sr. Gulley defendendo-se. O Sr. Sherman concorda. Você não tem nada que se preocupar!

— *Nada* — quando você chega em casa bêbedo e começa a atirar as coisas amedrontando as crianças! — retrucou ela. *Nada* — quando você me bateu ontem à noite e me disse nomes feios!

O Sr. Gulley olhou para ela.

— Você não me contou isso... não me lembro...

A Sra. Gulley continha as lágrimas.

— Sr. Sherman, o senhor chama a isso beber em sociedade — beber com moderação? O senhor acha, como ele diz, que eu não tenho nada que me preocupar?

Era um momento difícil.

— Sr. Gulley — disse eu, impetuosamente — fiz algumas gravações sobre o assunto de alcoolismo que estão sendo usadas em diversos centros de reabilitação, hospitais e instituições oficiais. — Percebi que se empertigou. — Mas não vá imaginar que o estou pondo na categoria de alcoólatra. Mas gostaria, com sua permissão, de tocar o primeiro lado do disco número um, para que o senhor ouça e se analise enquanto lhe faço algumas perguntas — e depois o *senhor* me diz onde se coloca, no tocante à sua bebida.

— Está certo — concordou o sr. Gulley. Estava sentado no sofá ao lado da mulher, que o observava atentamente quando o disco principiou. Cada pergunta pedia uma resposta direta. Tinha de ser "sim" ou "não".

"Você anda bebendo de manhã?"
"Tem tido vertigens?"
"Suas relações sexuais são satisfatórias?"
"Sente-se culpado sobre alguma coisa de seu passado?"
"Sente-se impelido a unir-se a pessoas que o magoam, irritam ou perturbam?
"Acha que está no emprego errado?
"Sente-se pressionado mental e emocionalmente?"
"Houve alguma tragédia que não pode apagar da memória?"

"Vê defeitos em *você mesmo que o levaram* a *sentir-se deprimido?"*

"A inveja dos outros o perturba?"

"As dificuldades financeiras têm ficado insuportáveis?"

"A harmonia de seu lar tem sido prejudicada pela presença importuna de parentes?"

"Preocupa-se com a perda de seu emprego? De sua mulher ou marido? De alguma coisa ou tudo que considera precioso?"

"A traição de um amigo ou de uma pessoa amada o desalentou inteiramente?"

"Quantas destas causas prováveis, e outras não citadas, o levaram a beber exageradamente?"

"Até que ponto você acha que o álcool se tornou um problema para você?"

Interrompi a gravação e olhei para o Sr. Gulley. Durante um minuto inteiro não disse palavra, fitando pensativo o chão. Depois ergueu os olhos.

— Está bem — disse ele. Então eu tenho problema de bebida. Agora vejo onde tenho de ficar alerta — tenho de diminuir.

A mulher fez menção de falar, mas mordeu os lábios.

— Sr. Gulley — disse eu, calmamente porém com franqueza. Agora o senhor está sóbrio. Está completamente senhor de si, mental e emocionalmente. Tem uma posição importante e bem paga, ainda tem uma mulher dedicada e filhos; tem o respeito e a consideração de seus amigos e vizinhos; tenho certeza de que tem dinheiro no banco; é provavelmente proprietário de sua casa. — Enquanto eu falava ele balançava a cabeça refletindo. — Acaba de decidir que tem de ficar atento, tem de diminuir sua bebida. Mas será *só* isto que o senhor tem de fazer para proteger as coisas preciosas que conquistou em sua vida? Posso pedir-lhe para me fazer uma coisa?

— O que é? perguntou ele cauteloso.

— Quer distender-se, retroceder no seu espírito e passar em revista os últimos seis meses — e me dizer se tem havido ou não um recrudescimento de ocasiões em que o senhor principiou bebendo por solidariedade e acabou bebendo demais?

A Sra. Gulley abanou a cabeça para mim, concordando. O rosto do marido assumiu uma expressão embaraçada.

— Sim — disse ele por fim — tenho de admitir. Houve muitas ocasiões.

— Então, Sr. Gulley — falei — quer fazer-me mais uma coisa? Gostaria que o senhor se projetasse no tempo, mentalmente, para daqui a um ano, e, baseado na média de recrudescimento de seu beber exagerado que aconteceu nos últimos seis meses, dizer-me onde acha que estará daqui a um ano?

Houve novamente um tempo de silêncio, mas começaram a aparecer pequenas gotas de suor na testa do Sr. Gulley. Mexeu-se constrangido.

— Eu... eu acho — disse, hesitante — que o problema é um pouco maior do que pensei. Talvez eu não possa mais controlar minha bebida. Talvez já levou o melhor de mim mesmo. Talvez eu não possa mais parar. Mas o senhor não acha que já foi tão longe — ainda não sou alcoólatra!

— Digamos que com certeza o senhor está à beira do alcoolismo, se não alcoólatra, e pela sua própria análise — observei.

— Está bem, então vou parar! — disse impulsivamente. — Paro esta noite. Não vale a pena. Nunca mais tomo um drinque!

Olhei-o nos olhos. Eu já tinha ouvido esta afirmação tantas vezes.

— O senhor não está sendo sincero absolutamente! — disse eu. — O senhor aceitou o fato, intelectualmente, de que tem um problema de bebida, mas já está imaginando como vai parar por uns tempos, só para provar que pode conseguir, e depois vai recomeçar a beber — moderadamente.

— O senhor está lendo na minha mente — disse o Sr. Gulley, um tanto envergonhado. — É isso exatamente que estou imaginando.

— Mas o senhor não pode vencer — respondi. — Milhares de homens e mulheres, na mesma condição em que está, pensaram que poderiam conseguir. Fracassaram e o senhor também vai fracassar, porque não é mais forte nem melhor do que eles. Que o senhor já tenha ou não compreendido, aconteceu uma mudança na química de seu corpo, e uma amostra de álcool, cerveja, vinho ou uísque despertará uma urgência compulsiva. Isto, acrescido de uma perturbação mental ou emocional, levará a uma bebida mais exagerada, e o senhor vai sentir-se pior do que antes.

— O senhor quer dizer que de agora em diante não será prudente que eu tome um gole de álcool?

— Não se o senhor quiser continuar sóbrio, não se desejar conservar sua paz de espírito, sua saúde, sua felicidade, sua posição, sua mulher e sua família, seu lar, sua conta bancária, tudo o que com o tempo o senhor pode perder para a bebida se não tomar agora a grande resolução — *parar de beber e continuar sem beber!*

Uma expressão diferente apareceu nos olhos do Sr. Gulley. Exprimiu um profundo sentimento íntimo que tomara conta dele.

— Talvez possa precisar de auxílio — disse ele. — Mas vou tentar. Começo esta noite.

— O senhor talvez precise consultar um médico ou um psiquiatra... e freqüentar um clube de Alcoólatras Anônimos talvez possa ajudar — sugeri. — O senhor vai ver que passar sem bebida é um projeto de dia a dia. É possível que o senhor tenha problemas mentais e emocionais que precisem ser resolvidos. Eles costumam acompanhar a bebida exagerada. Mas o senhor está em situação muito mais auspiciosa do que muitos homens e mulheres que deixaram que o alcoolismo arruinasse quase completamente suas vidas, até tentarem tratar do caso.

O Sr. Gulley balançou a cabeça concordando.

— Eu não pensei, quando vim aqui esta noite, que ia acabar assim — disse ele. — Tinha tanta certeza de que não tinha problema, tanta certeza de que minha mulher estava completamente errada... Esta noite pode tornar-se totalmente traiçoeira, não é mesmo? É capaz mesmo de enganar a gente, de surpreender de verdade!

— Sim — concordei — Qualquer homem ou mulher que começar a beber em excesso deveria inquirir sobre o que estaria acontecendo, mas infelizmente a maioria não faz isso. Quase todos dão desculpas, criam álibis, enganam a si mesmos acreditando que podem parar na hora que desejarem, até que ficam presos para sempre. Finalmente, se esperam fugir à destruição do alcoolismo que, para eles, se tornou uma doença física e mental, devem, de algum modo, fortificar a resolução de parar de beber, como o senhor fez agora — e aferrar-se a ela, todos os dias, *para o resto da vida!*

Fred Gulley aferrou-se a isso. Faz mais de três anos que o conheci. Desde então nunca mais tomou um drinque, e três colegas seus, impressionados pelo exemplo, também deixaram de beber. Todos eles dão graças por terem parado nessa ocasião, por ter tirado proveito das experiências, dos outros que não pararam, que caçoavam com eles por terem parado, por não serem capazes de controlar o álcool — e que chegaram ao *ponto* do irremediável e fizeram um esforço muito mais longo e mais violento para voltarem a ser abstêmios.

Uma determinada percentagem nunca o conseguiu. Mas há sempre uma possibilidade de que até o mais pervertido alcoólatra possa lutar para recuperar-se com o auxílio de um Poder Superior que leva dentro de si e com o auxílio dos tratamentos físicos e psicológicos adequados.

O alcoolismo pode ser evitado com muito mais facilidade do que pode ser curado ou, poderia dizer-se, *embargado* — porque não há cura absoluta conhecida para o alcoolismo.

O bebedor-problema que se vai aproximando do alcoolismo devia ter suficiente esperteza para parar antes que atinja esta fase. Os sinais de perigo lampejam toda a vez que uma pessoa bebe mais do que pretendia e fica irresponsável por seus atos, ou começa a ter lapsos de memória, vertigens, preferindo o álcool ao alimento em todas as horas do dia e da noite.

O velho ditado "Uma onça de prevenção vale por uma libra de cura" aplica-se com propriedade à pessoa que alimenta um apetite exagerado pelo álcool. Essa "onça de prevenção" traz o rótulo "PARE", e não significa uma onça ou mesmo uma gota ou gole de álcool de qualquer forma!

O indivíduo comum fica submetido a uma pressão demasiado forte, uma vez que se torna fumante ou bebedor inveterado, para declarar que nunca mais fumará ou beberá. Constantemente, em companhia de outros que fumam e bebem, é tentado muitas vezes por dia, a fazer o mesmo. É mais fácil superar uma ânsia no momento, do que dizer a si mesmo: "Nunca, nunca mais provo um cigarro ou uma bebida".

Os alcoólatras aprenderam duramente que têm de buscar a sobriedade numa base diária. Dão graças a Deus no fim de cada dia, por terem passado aquele dia sem um drinque, e oram pela força de viver no dia seguinte da mesma maneira sóbria.

Mas para desistir de fumar e de beber, você tem de ter um *incentivo,* alguma coisa para substituir o desejo de beber e de fumar. Você tem de ter uma convicção íntima de que estará melhor se liberto desses hábitos, que fumar e beber (no seu caso) podem ser e são perniciosos; que se não forem interrompidos, o impedirão de conseguir as coisas da vida que valem muito mais para você do que qualquer quantidade de cigarros e de bebidas.

Estará salvo se provar a você mesmo e aos outros que tem a força de vontade para realizar todas as coisas com moderação, mas não são muitos os que a têm, principalmente em se tratando de fumar e beber.

É claro que não me oponho a que qualquer pessoa prefira fazer o que deseja na vida. Mas é doloroso ver amigos e parentes travarem uma luta implacável e perdida com problemas como o fumo e a bebida exagerados.

Através dos anos, tenho ouvido tantos homens e mulheres dizerem-me que gostariam de nunca ter começado, mas a maioria deles parece sentir que é tarde demais para parar. Sucumbiram aos hábitos e desejos porque estão conseguindo uma quantidade de prazer com eles de que não querem desistir, a despeito das prováveis conseqüências. Seus sistemas adquiriram um desejo de nicotina e de álcool e se sentem nervosos, irritadiços, irrequietos e em geral desgraçados sem a "influência pacificadora" destes supostos estimulantes.

Aqueles a quem os médicos aconselham a desistir de fumar e de beber devido a males, provocados totalmente ou em parte por estes hábitos, acham dificílimo, se não impossível, obedecer; alguns disseram: — Prefiro morrer a ficar sem eles.

Um amigo, com um câncer no pulmão, continuou a dar tragadas do cigarro todos os dias, dando a desculpa de que agora estava com a moléstia e "de um jeito ou de outro algumas baforadas não me vão fazer mal". Comentário triste do poder de um hábito uma vez formado!

É característico dos seres humanos — tanto você como eu — pensar que o que aconteceu a outros não vai acontecer a nós. Temos uma tendência a rir das estatísticas. Não queremos encarar o fato de que, se dirigirmos um automóvel tempo bastante, seguramente teremos alguns pequenos acidentes e talvez um grande. As batidas frontais na estrada, os desvios para fora da estrada, as derrapagens para cima de outros automóveis, as colisões devido a pneus estourados e diversos outros tipos de acidentes de tráfego podem acontecer aos outros motoristas mas *nós* estamos *imunes!*

Outras pessoas podem beber exageradamente e fumar em excesso — mas nós não! Nós somos *diferentes!*

Que faz um fumante quando está sob tensão emocional? Apanha um cigarro.

Que faz um bebedor quando perturbado emocionalmente? Apanha uma garrafa.

Crescemos com uma dependência, adquirida pelo hábito de estimulantes artificiais como meio de dominar ou acalmar os nervos. Pusemos nossa confiança, não no domínio mental normal, natural de nossos corpos, porém nos hábitos de fumar e de beber, para nos dar "força", para enfrentar as situações da vida! Quanto maior a tensão — mais fumamos e mais bebemos!

Você na verdade *faz* na vida o que mais quer fazer; no final, o desejo mais forte sempre vence. Quando você se convencer de que tem mais a lucrar *não* fumando ou não bebendo, não cedendo mais a estes hábitos — por mais agradáveis que você possa ter chegado a considerá-los — terá o *poder interior para parar!*

Toda a vez que você se sentir inclinado a tomar um drinque ou fumar um cigarro, este desejo mais imperioso se erguerá em contrapartida. Você se lembrará de seus novos e mais importantes objetivos e afastará o impulso de voltar aos hábitos antigos. Toda a vez que você conseguir rejeitar esses impulsos, seus *novos padrões de hábitos* de não fumar ou não beber ficarão cada vez mais fortes até chegar o dia em que você não sentirá maior aflição mental e física à idéia de passar sem fumar nem beber do que aquele que nunca se entregou a isso.

Nenhuma pessoa muda suas condições na vida enquanto não *mudar sua maneira de pensar*. Há muitos hábitos perniciosos além de fumar e beber mas acentuei estes dois porque, como disse, estão entre os mais universalizados.

De qualquer maneira, a mesma técnica de pensar pode ser empregada no domínio de outros hábitos ou para libertar-se deles completamente.

É bom que todo aquele com um problema de bebida confessado se lembre: *a sobriedade está tão perto quanto o último drinque*. Quem tiver a coragem e a decisão de encarar a realidade e tomar a resolução de parar de beber, e apegar-se a esta resolução dia a dia, poderá impedir para sempre qualquer avanço futuro do alcoolismo.

Se você é uma pessoa que bebe em sociedade, moderada e controlada, não tem problema — até e a menos que perca o controle e comece a beber exageradamente. É a hora de verificar imediatamente se o que eu expus neste capítulo tem alguma relação com você. A demora pode significar a ruína e a decadência final. Milhões de alcoólatras são tristes testemunhas do fato de que "esperaram tempo demais" e "agiram tarde demais".

PENSAMENTOS PARA INCORPORAR EM SUA VIDA

A regra mais salutar a seguir na vida é "Moderação em todas as coisas". Encontrarei poucas dificuldades enquanto a seguir.

Seria prudente da minha parte fazer uma verificação pessoal e, se descobrir que criei hábitos exagerados de bebida, fumo ou outro padrão pessoal de comportamento iniciarei a linha de ação que seja necessária para readquirir o domínio de mim mesmo.

Devo ter certeza de que não me estou enganando: que não aceito a convicção, falsa freqüentemente, de que, "posso parar de fazer o que estiver fazendo a qualquer hora que o queira".

Compreendo que me empenho em fazer o que mais desejo na vida; no fim, o desejo mais forte sempre sai vencedor.

Portanto, para minha proteção, devo examinar meus desejos e apetites adquiridos para ver se precisam correção ou eliminação antes que arruinem minha saúde e minha reputação.

12

O Poder da Percepção Extra-sensorial

A percepção extra-sensorial, ou ESP, é uma expressão conhecida atualmente em todo o mundo, mas não existia, há relativamente poucos anos.

Criou-a o Dr. J. B. Rhine, diretor do Departamento de Parapsicologia da Universidade Duke, pesquisador pioneiro dos poderes superiores da mente, para descrever as faculdades de percepção que estão fora do alcance dos cinco sentidos físicos.

No tempo antigo, antes que a Ciência se interessasse seriamente pela ESP, tinha o nome de "fenômenos psíquicos". Isto poderia significar *telepatia* — a capacidade de uma mente comunicar-se diretamente com outra mente, sem limite de tempo ou espaço; ou *presciência* — a capacidade de prever o futuro; ou *psicometria* — a capacidade de saber muitas coisas sobre uma pessoa apenas tocando um objeto ou peça de roupa pertencente a esta pessoa, ou *escrita automática* — a capacidade de fazer com que o braço e a mão sejam controlados pela mente subconsciente de escrever mensagens ou matéria inspirada que não se pode realizar com a mente consciente; ou *mediunidade* — a capacidade de fazer o corpo adormecer e permitir que pretensas inteligências superiores utilizem o corpo como instrumento de comunicação — ou *psicocinesia* — o poder da mente sobre a matéria em sua capacidade de influenciar objetos como os dados; ou *projeção astral* — a capacidade de deixar ocasionalmente o corpo material e viajar pelo espaço numa forma corporal de significativa vibração superior, em geral invisível ao olhar material; ou *materialização* — a pretensa capacidade de alguns espíritos de entes queridos desaparecidos de tomar temporariamente mais uma vez a forma física, por meio das "forças psíquicas" de um médium, ficando assim habilitado a aparecer aos mortais vivos de maneira identificável. Em meu livro "How to Make ESP Work for You (*Como Fazer o ESP Trabalhar para Você*), exponho estes vários tipos de "fenômenos psíquicos de maneira mais extensa.

Até agora você pode vir atribuindo à *Intuição* os vários pressentimentos e premonições que tem tido tanto acordado como em sonhos. Este nome é tão bom quanto qualquer outro mas agora sabemos que foram as suas faculdades de ESP que lhe proporcionaram direção e proteção. Tem havido milhares e milhares de casos bem comprovados de homens, mulheres e crianças que receberam impressões ESP. Vou citar alguns exemplos:

EXEMPLO 1:

O dr. Hubert Pearce, então pastor da Igreja Metodista de Heber Springs,no Arkansas, acabara de receber seu fornecimento de carvão para o inverno, que fora empilhado a um lado da fornalha. Enquanto estava no porão com o zelador, sentiu de repente um poderoso impulso espiritual.

Virando-se para o zelador, disse:

— Quero que o senhor comece imediatamente a remover todo este carvão para o outro lado da fornalha! — O zelador olhou espantado para ele.

— Doutor, o senhor não deve estar no seu juízo perfeito! Isto representa pelo menos um dia de trabalho duro! Se o senhor queria que o carvão ficasse *daquele* lado da fornalha, por que não disse na hora que ele chegou?

O doutor Pearce abanou a cabeça.

— Eu não pensava assim naquele momento — disse, um tanto perplexo ante sua sensação de urgência. — Mas tem que ser feito. Não posso explicar por que — *tem que ser feito!*

O zelador, protestando, pôs-se ao trabalho. Quando ia na metade da tarefa, fez uma descoberta.

— Doutor! — gritou. — Desça aqui, *depressa!* Venha ver o que encontrei!

Quando o doutor Pearce chegou, viu o zelador apontando para um grande pedaço de carvão, no qual estava encaixado *um bastão de dinamite!*

— Ainda bem, agora estou com o espírito aliviado! — disse o doutor.

Uma coisa me dizia que havia um perigo de uma forma qualquer nessa pilha de carvão. Se essa dinamite não tivesse sido encontrada, poderia ter sido levada para a fornalha e danificaria seriamente nossa igreja!

Notável, dirá você. Sim, para qualquer pessoa que ainda não esteja a par da existência destes superiores poderes sensoriais, mas aconteceu que o dr. Pearce tinha sido pessoa experimentada na demonstração dessas faculdades interiores. Nos seus tempos de colégio na Universidade Duke, servira de "cobaia" em experiências de telepatia dirigidas pelo laboratório de parapsicologia do doutor Rhine. E era a *primeira* pessoa a ter recebido vinte e cinco impressões exatas dos símbolos de ESP em cartões — uma linha em cruz, em círculo, quadrada, em estrela e ondulada como foram transmitidas mentalmente a ele pelo dr. J. Gaither Pratt! As probabilidades de um registro casual bem sucedido numa série tão fenomenal de sucessos de telepatia São astronômicas a ponto de serem completamente eliminadas. Mas o doutor Pearce alcançou constantemente marcas bem acima da sorte, nestes testes agora famosos, que foram continuados com ele durante algum tempo.

Para mim, o mais interessante foi o fato de estas faculdades extra-sensoriais terem persistido no doutor Pearce em seus últimos anos, até este exemplo aqui citado, quando se deu conta de que havia perigo iminente!

EXEMPLO 2:

Uma senhora escreveu-me há pouco tempo para relatar uma impressão incomum que recebera quando despertou na manhã em que ela, o marido e os filhos tinham projetado partir em viagem de férias. A hora da partida tinha sido combinada, mas esta mulher implorou ao marido que adiasse a partida por uma ou duas horas, porque sentia que, se saíssem na hora marcada, sofreriam um grave desastre de automóvel.

— Meu bem, se nós não partirmos a tempo não poderemos atingir nosso destino antes de escurecer — argumentou o marido. — Você nunca sentiu isso antes. Se sonhou que ia acontecer alguma coisa, esqueça. Não existe nada nessa história de sonhos. Vamos andando!

— Você com certeza pensa que eu fiquei louca de repente — disse a mulher — mas eu não vou se você não fechar todas as portas do carro!

— Mas nós *nunca* fechamos as portas do nosso carro! disse o marido. — Está bem — se você insiste. Para mim, isso é tudo bobagem!

A família em férias saiu de casa na hora combinada. Depois de meia hora de estrada, iam fazendo uma curva, quando um carro que se aproximava, em alta velocidade, fez essa mesma curva *contra a mão!*

Para evitar uma colisão de frente, o marido dessa senhora desviou o carro para fora da estrada e caiu no aterro. Depois de o carro dar duas voltas, foi bater numa árvore. Devido às portas do carro estarem fechadas, pai, mãe e dois filhos rolaram déntro do carro mas não foram atirados para fora. Todos se livraram com pequenos galos e contusões. Se não fosse esse pressentimento, este aviso espiritual, alguns deles poderiam ter morrido ou ficado gravemente feridos.

Observação importante: Você agora compreende POR QUE as faculdades extra-sensoriais desta mulher procuraram levá-la a *mudar a hora da partida.* Se tivessem esperado ao menos meia hora para se porem a caminho, o automóvel com o motorista imprudente ao volante teria passado esse ponto da estrada e eles não teriam estado na área de perigo potencial! Seja como for, houve uma parte da mente desta mulher que pôde perceber a tempo o que estava para acontecer!

Sempre que você tiver uma sensação esquisita, inexplicável ou um palpite desta espécie, vale a pena dar-lhe atenção!

EXEMPLO 3:

Uma sra. Sharpe possuía e dirigia um serviço de atendimento telefônico para médicos. Havia muito tempo que ela conhecia o funcionamento do ESP. Uma noite, perto de meia-noite, uma moça nova que fora contratada para receber e transmitir recados para os médicos telefonou em pânico à sra. Sharpe.

— Desculpe ter de incomodá-la — disse ela — mas chegou um chamado de emergência para o doutor Thomas e eu não consigo encontrá-lo em nenhum dos números que forneceu. O hospital está dizendo que precisam encontrá-lo dentro de meia hora senão um dos pacientes dele morre!

— Vamos, acalme-se — recomendou a sra. Sharpe. — Tire da cabeça esses temores. Se não puder alcançar o doutor Thomas pelo telefone, você terá de procurar contato com ele por telepatia!

— O que é isso? — perguntou espantada a moça. — Que foi que a senhora disse?

— Eu disse — repetiu a sra. Sharpe — que você e eu vamos concentrar nossas mentes no doutor Thomas. Não vamos tentar imaginar onde ele está ou o que está fazendo a esta hora. Mas as nossas mentes, se forem dirigidas a ele onde estiver, hão de encontrá-lo. Quero que você fique sentada bem calma e diga mentalmente comigo: — Doutor Thomas — preciso do senhor... Doutor Thomas, estão querendo o senhor... Telefone já para o seu serviço telefônico! Telefone já para o seu serviço telefônico!

Houve um silêncio quase sepulcral no telefone.

— Você está trabalhando comigo? — perguntou a sra. Sharpe. — Quer você acredite ou não nisto, sabe que há uma necessidade urgente do doutor Thomas. Você sente isso! Pois ponha essa sensação por trás de seus pensamentos como estou fazendo. Faça isso, que você vai ter notícias do doutor Thomas daqui a dez ou vinte minutos... vinte no máximo! Já fiz isto e dá resultado! Vamos, tenha fé e faça o que eu digo!

A telefonista obedeceu. Silenciosamente, ficaram as duas mulheres, uma em casa na cama, e a outra na mesa, respondendo os chamados, concentradas, emitindo o "chamado mental" para o doutor Thomas.

Dentro de *dez* minutos, o doutor Thomas telefonou da casa de um amigo e perguntou: — Acabo de me lembrar, você não sabe onde eu estou. *Há algum recado para mim?*

Incrível? Não, futuramente, a humanidade em geral vai adquirir esta extensão de conhecimento e usar este *sexto sentido* com a mesma naturalidade com que agora confiamos em nossos cinco sentidos materiais!

Recentemente, Everett F. Dagle, engenheiro de Pesquisas dos Laboratórios de Pesquisas de Cambridge, da Força Aérea dos E.U.A., em Bedford, Massachusetts, foi citado por ter feito esta declaração numa convenção da Associação Aeromédica em San Francisco:

> Acho que chegou a hora de examinarmos o ESP e os processos mentais superiores como prováveis auxílios de comunicação para nossos astronautas, que, num futuro previsível, estarão viajando talvez mais do que cem milhões de quilômetros para o espaço. Em viagens tão longas e solitárias, estarão cercados durante semanas ou meses por um negro vazio, rompido apenas por insignificantes pontos de luz de astros longínquos. A grande distância da força de gravitação da terra, deverão achar difícil manter sua estabilidade mental e emocional, se não tiverem alguma ampla capacidade ou certeza de que ainda poderiam fazer uma ligação quase instantânea com o seu planeta de origem. Nessa distância no espaço, seriam precisos nove minutos para uma recado radiofônico alcançar a terra e outros nove minutos para a resposta ser recebida — dezoito minutos ao todo, o que poderia parecer uma eternidade para um astronauta prestes a entrar em

pânico. Porém, se fosse possível desenvolver a faculdade da telepatia de maneira que os astronautas pudessem enviar e receber mensagens por pensamento, e se pudessem fazer um contato instantâneo e terno com uma criatura humana sensibilizada na terra — ajudaria a manter-lhes a sanidade.

TEMPO E ESPAÇO NÃO SÃO BARREIRAS

É claro que o ESP não está desenvolvido ao ponto de que uma comunicação deste tipo possa ser imaginada nos próximos anos. Mas quando atuei como receptor nas experiências, que agora são históricas, de telepatia a longa distância com Sir Hubert Wilkins (relatadas em nosso livro "Thoughts Through Space" *(Os Pensamentos Através do Espaço),* ficou demonstrado que eu podia registrar impressões mentais da sua mente estando separados por mais de três mil quilômetros, com uma precisão de aproximadamente 70 por cento. Sir Hubert Wilkins estava nessa ocasião dirigindo vôos de busca na área do Pólo Norte por um período de cinco meses, procurando uma tripulação de aviadores russos que tinha sido forçada a descer numa tentativa de voar sem escalas para os Estados Unidos. Eu estava morando em Nova York, e três noites por semana de 11h30 a meia-noite, Hora Legal do Leste, segundo o combinado, eu permanecia no meu escritório de meu apartamento de Nova York e me concentrava em Wilkins, Wilkins, levando em conta a diferença de hora à medida que voava mais para o norte, isolava-se e revivia e recapitulava as coisas importantes acontecidas com ele naquele dia. Minha tarefa era procurar interceptar e registrar seus pensamentos. As experiências foram seguidas por cientistas, que comprovaram sua autenticidade por declaração escrita.

O fato de que o tempo e o espaço não constituem barreira para a transmissão e recepção do pensamento, e o fato de que Wilkins e eu podíamos comunicar-nos numa distância de mais de três mil quilômetros, deve sugerir que, quando se aprender mais sobre os feitos da telepatia, não será mais difícil atingir a mente de um astronauta cem milhões de quilômetros distante da terra do que atingir uma mente no quarto ao lado.

MUITOS CIENTISTAS AINDA CÉTICOS

Todo aquele que tiver sido pesquisador e experimentador pioneiro no campo do ESP não teve um caminho fácil. Muitos cientistas ainda rejeitam a Telepatia ou ESP como uma coisa que simplesmente não pode acontecer; que existe no terreno da imaginação, coincidência, conjetura, ou simples trapaça e charlatanismo.

Compreendo a relutância de tais cientistas em fazer declarações públicas em favor do ESP, mesmo quando, às vezes, são postos diante da prova verdadeira de que ela ocorreu *mesmo*. Uma das razões é porque nenhum dos que exercem a telepatia verdadeira ou qualquer fase do ESP pode jamais garantir, até agora, resultados 100 por cento. Há sempre uma possível margem de erro, impressões que são completa ou parcialmente inexatas ou fora do alvo.

Isto é devido geralmente ao fator emocional e à interferência sugestiva da mente consciente que é limitada pelos cinco sentidos materiais. Quando uma impressão é recebida pelo subconsciente, onde ficam as faculdades extra-sensoriais, a mente consciente apresentará, se puder, um muro de dúvida. Ela tentará discutir com você sobre um palpite ou um pressentimento ou uma sensação de fazer ou *não* fazer uma coisa qualquer com o argumento de que não há razão provável para aceitar tal impressão com qualquer validade.

Entretanto, os cientistas tiveram de basear *suas* observações e descobertas no que consideram fatos demonstráveis — que poderão ser repetidos com êxito freqüentemente.

DESAFIOS AO ESP

Há alguns meses, quando eu estava em Los Angeles e em Nova York, apareci em muitos programas de rádio e televisão por causa do meu livro: *Como Fazer* o *ESP Trabalhar para Você*. Durante as transmissões fiz questão de declarar que não dava demonstrações públicas de telepatia ou de qualquer fase do ESP. Expliquei que se procurasse tomar impressões e tivesse êxito, muitas pessoas do auditório achariam que era trapaça ou uma proeza combinada. Se falhasse no esforço de realizar telepatia, muitas pessoas do auditório concluiriam que não se tratava do ESP.

O grande público pouco sabe a respeito destes poderes superiores da mente além de nutrir um interesse estranho pelo assunto. Não se pode esperar dessas pessoas que compreendam as dificuldades existentes na tentativa de demonstrar o ESP ante um microfone de rádio ou uma câmara de televisão.

Mas apesar de minha declaração, houve ocasiões em que se fizeram tentativas deliberadas para me pôr em *dificuldades*. Houve uma ocasião, no litoral, em que fui entrevistado pela encantadora e viva Pamela Mason, primeiro na televisão, em seguida no rádio.

Depois de minha apresentação na televisão, a srta. Mason convidou-me a ir a sua casa num domingo de manhã, para gravar em fita uma entrevista para seu programa de rádio de quarenta e cinco minutos. Quando cheguei, fui introduzido numa sala particular onde me fizeram sentar ao lado de um gravador e me disseram que a srta. Mason chegaria logo. Quando ela entrou por fim, correndo na sua maneira cordial e eficiente, saudou:

— Alô, sr. Sherman — que estive fazendo hoje?

Minha mente fez um giro rápido e eu respondi:

— Bem, a minha impressão global é *legal!*

— Ah, é assim? — foi a réplica da srta. Mason, e sem mais comentários, sentou-se ao lado do gravador, acionou-o e começou a entrevista!

Na metade da entrevista, em que ela, me perguntara como se processa a telepatia e formulara muitas outras perguntas relativas aos diferentes aspectos do ESP, disse de repente:

— Sabe, sr. Sherman, acertou ao dizer que eu estava envolvida em assuntos *legais* hoje. Na verdade, estive com meu advogado várias horas hoje de manhã. Diga-me — *como é ele?*

Hesitei um instante, depois respondi:

— É um homem relativamente jovem, um tanto corpulento, de cabelo e olhos pretos e parece que está usando óculos escuros!

— Muito bem! — respondeu a srta. Mason. Muito preciso, realmente. Meu advogado é assim *mesmo* — e estava usando óculos escuros esta manhã pela primeira vez. Acho que, como muitos advogados, estava tentando esconder-se de alguém ou de alguma coisa. Em seguida, continuou: Confesso, sr. Sherman, que estava tentando pregar-lhe uma peça. Estava desenhando em minha mente, antes de lhe fazer a pergunta, um velho baixo, de ombros caídos, cabelos grisalhos e assim por diante, exatamente o oposto do tipo de meu advogado. Diga-me — por que o senhor não apanhou a impressão dele?

— Porque, srta. Mason — respondi — a senhora tinha impresso intensamente na sua mente subconsciente a imagem mental de como o seu advogado é realmente... e estava muito mais fortemente desenhado na sua consciência do que a imagem do causídico fictício que a senhora tinha imaginado!

— Pois bem — disse a srta. Mason — acho que há alguma coisa na telepatia!

Nessas circunstâncias, tive sorte em receber as impressões corretas. A prova está contida na fita gravada desse programa. Eu poderia ter da mesma maneira errado e o que a srta. Mason poderia ter dito nesse caso? E em que situação isto me colocaria?

OUTRO TESTE PÚBLICO DIFÍCIL

Houve outra ocasião em Nova York, quando fui entrevistado durante duas horas na estação de Rádio WINS, no programa chamado "CONTATO". O entrevistador era um homem chamado Stan Bernard e tinha, como "advogado do diabo", para interrogar-me, o ex-presidente da Sociedade de Mágicos. Melbum Christopher.

A entrevista foi de dez à meia-noite, e o sr. Christopher avisou, antes do início, que era descrente do ESP. Não é de meu feitio tentar convencer céticos declarados, nem fico mental ou emocionalmente perturbado por seus interrogatórios. De vez em quando a partida se torna um tanto áspera e se eleva, a alfinetadas, e às vezes penso que meus inquisidores têm esperança de me irritar a fim de que possam surgir altercações. Neste caso, tendo avisado o Sr. Bernard, antes da irradiação, que não fazia demonstrações públicas do ESP, o sr. Christopher, ainda assim, apresentou um embrulho lacrado e me desafiou a lhe dizer o que havia dentro dele.

— Sr. Sherman — disse ele, no seu livro ESP, o senhor conta vários incidentes em que pôde adivinhar com êxito o que havia em envelopes selados. Gostaria que o senhor visse se pode conseguir uma impressão correta do que este embrulho contém.

Lembrem-se, era uma irradiação ao vivo. Olhei para o sr. Bernard, que disse mais ou menos que não sabia que o sr. Christopher ia apresentar esse teste. O sr. Christopher insistiu, entretanto, que eu naturalmente não me importaria de fazer uma pequena experiência como aquela como se para mim fosse tão fácil executar telepatia, a qualquer hora, como para ele teria sido executar um passe de mágica.

Compreendi imediatamente que me recusar a aceitar este desafio nunca seria compreendido por uma grande camada do auditório. Concluía-se claramente que o sr. Christopher não acreditava em telepatia ou em psicometria, como é chamada esta parte do ESP, e a minha impossibilidade de descrever a natureza do objeto do embrulho lacrado não só lançaria dúvida sobre a capacidade de ESP que eu pudesse ter, mas provaria que sua alegação estava certa.

Salientei que ninguém que declare realizar a verdadeira telepatia ou psicometria pode garantir de antemão que obterá resultados infalíveis. Não havia tempo para explicar a razão desta afirmativa. Tornei a sentar-me e segurei o embrulho. Enquanto preparava minha mente, a primeira impressão que me chegou foi a atmosfera mental negativa de que estava rodeado. Tanto Bernard como Christopher tinham os olhos e o espírito assestados em mim.

No rádio o silêncio não é de ouro. Os segundos iam passando. Sob a premência do tempo, com a certeza de que milhares de espíritos estavam ligados nesse programa, era preciso uma disciplina mental fora do comum para não entrar em pânico ou gelar.

Após uns trinta segundos, disse que não podia conseguir uma impressão da natureza do objeto... mas minha impressão predominante era de *"séria perturbação emocional e de morte"*.

É só isso que o senhor pode conseguir? — perguntou Christopher.

Demorei um instante.

— É só isso disse eu. Mas repito — sinto uma forte sensação de perturbação emocional e de morte.

O senhor Christopher entregou então ao sr. Bernard um envelope selado com a seguinte declaração impressa em seu papel de cartas pessoal (que guardo no meu fichário):

CHRISTOPHER

> Esta capa de couro foi usada por meu amigo, dr. Jacob Daley, no seu truque "moedas pelas mãos".
>
> O dr. Daley morreu no final de um número de prestidigitação no Clube de Diretores de Arte de Nova York na Rua 40, em 17 de fevereiro de 1954.
>
> Era médico e cirurgião plástico por profissão, a mágica era seu passatempo.

Quando o sr. Bernard completou a leitura desta declaração, eu disse:

— Quer fazer o favor de ler novamente o parágrafo que fala na morte do dr. Daley?

Em seguida lembrei a Bernard e a Christopher de que embora não tivesse conseguido descrever o objeto, tinha captado claramente a impressão muito forte referente ao dr. Daley — *o acontecimento de sua morte.*

Ao que o sr. Christopher respondeu: — Qualquer pessoa poderia ter percebido isso.

Portanto, vê-se que não se pode vencer, em qualquer tentativa de demonstração pública, diante de uma tal atitude. É isto que faz a dificuldade para os que possuem *realmente* um grau de verdadeira capacidade de telepatia ou de ESP. Tem exigido uma grande dose de coragem para enfrentar o ceticismo, a indiferença e muitas vezes acusações de auto-engodo ou fraude, de muitas direções.

Na minha opinião, porém, aproxima-se rapidamente o dia em que descobriremos técnicas que nos habilitarão a manter nossos processos mentais superiores conscientemente dominados e dirigidos. Desde já, tenho certeza de que muitos de vocês, lendo estas páginas, tiveram manifestações espontâneas de ESP — o que têm chamado de "palpites" ou "pressentimentos" — fortes sensações de fazer ou não uma coisa qualquer, sonhos ou visões proféticas, capacidade de prever o futuro. Vocês talvez tenham tido aparições, ouvido vozes, sentido a sensação ou experiência de abandonar seu corpo físico. Ou então, podem ter-se visto em estado de transe, momentaneamente sob a influência aparente ou sob o domínio de uma entidade. Ou, podem ter observado o movimento de um objeto material não tocado por mão humana. Alguns de vocês podem ter sentido que receberam mensagens dos que já morreram, ou, de vez em quando, sentem a sua presença.

Todas essas experiências relacionam-se com uma ou mais fases do que se chama comumente, como declarei, "Fenômenos psíquicos".

Se você teve alguma experiência igual às que descrevi, gostaria que me escrevesse ao cuidado da ESP Research Associates Foundation, 1750, Tower Building, Little Rock, Arkansas, e me desse um relato pormenorizado. Estamos fazendo um estudo dessas ocorrências espontâneas e você poderá trazer uma contribuição valiosa para o crescente conhecimento desses poderes superiores da mente.

O ESP É BOM OU MAU?

Perguntam-me freqüentemente: — O ESP pode ser utilizado tanto para fins maus como para bons?

Infelizmente, pode. Como tudo mais que Deus nos deu, como criaturas de livre arbítrio e livre escolha, podemos usá-lo para o bem ou para o mal. A prova é a Energia atômica — os bons usos que se podem fazer com ela e, no entanto, como o homem está transformando este poder assombroso em armas de destruição! Tenho certeza de que os russos estão pesquisando o ESP, sem nenhum objetivo espiritual em mente. Se puderem descobrir como utilizar o ESP para servir a seus fins contra nós — assim farão. Eles vêm analisando a teoria de que os pensamentos são eletromagnéticos por natureza — que eles se movem em ondas ou impulsos de pensamento. Indagam se fosse possível determinar a freqüência das ondas do cérebro e se estas ondas do cérebro pudessem ser reproduzidas e aumentadas ou amplificadas eletronicamente — numa grande intensidade — seria possível irradiar estas ondas eletronicamente na consciência maciça — e hipnotizar ou influenciar populações inteiras?

Parece fantasia? Como a Ficção Cientifica? Se sua existência nesta terra remonta à passagem do século, você não teria acreditado a essa altura que o homem pudesse voar — muito menos partir para a lua e para planetas distantes. Hoje é melhor manter uma mente aberta — preparada para tudo que possa acontecer!

UTILIZAÇÕES PROVEITOSAS DO ESP

O meu interesse pelo desenvolvimento do ESP tem sido sempre fazer bom e construtivo uso dele. Naturalmente, com minha base de experiência de ESP, tenho tido aventuras, vez por outra, e sou eventualmente chamado para ver se posso auxiliar na solução do que acontece em relação a uma tragédia qualquer.

Não procuro tarefas assim, porque são difíceis, muitas vezes desagradáveis e muito deprimentes emocionalmente; não pretendo ser infalível. Mas há poucos meses tive uma experiência que está bem documentada. O seu relato talvez lhe dê mais certeza de que estes poderes superiores da mente dão resultado *realmente* e para fins úteis. Porém, devido à natureza pessoal de algumas das impressões recebidas, não vou mencionar as partes envolvidas.

No dia 9 de fevereiro de 1965, por um céu claro, recebi um telefonema interurbano em minha casa em Mountain View, Arkansas, de uma sra. P., de South Bend, Indiana.

Dizia que tinha sido recomendada a mim pelo dr. Karlis Osis, Chefe de Pesquisas da Sociedade Americana de Pesquisas Psíquicas, em Nova York. Ele havia sugerido que eu talvez pudesse ajudar a esclarecer, por meio da percepção extra-sensorial, o que acontecera a um avião particular que levava seu genro, sua filha e seu neto, além do piloto contratado, que tinha desaparecido depois de decolar, na noite de 3 de janeiro, do aeroporto de St. Petersburg, na Flórida.

A sra. P. dizia que, até então, mais de um mês do desaparecimento do avião, não se encontrara nenhum vestígio dele. Sem esperar que a sra. P. me desse qualquer outra informação ao telefone, interrompi para dizer que tinha uma impressão imediata de que o avião estava dentro da *água*.

A sra. P. disse que isso era impossível — que a Força Aérea e a Patrulha Aérea Civil lhe tinham dito que nenhum piloto com alguma experiência de vôo levaria um avião monomotor sobre a água, principalmente à noite.

Apesar desta afirmação da sra. P., insisti em que via mentalmente o aparelho na *água*. Sentia que ele seria encontrado em breve... por um pescador dentro de um barco.

Sentia também que seu genro e sua filha tinham tido uma discussão antes da decolagem. Ela não tinha querido ir — tinha querido esperar até que amanhecesse o dia. Continuei dizendo que sentia que o genro estava com um problema pessoal qualquer — de natureza grave.

A sra. P. disse que não sabia disso, mas, talvez fosse útil que ela me mandasse algumas peças de vestuário usadas pela filha e pelo neto, a fim de que eu pudesse conseguir mais impressões. Respondi: — Mande.

Em conseqüência disso, ela me mandou pelo correio no dia 9 de fevereiro uma luva pertencente à filha, e um gorro de malha do neto, junto com fotografias deles e do genro. Recebi-as no dia 11 de fevereiro. Mandou-me também, nessa ocasião, uma cópia fotostática de um relatório que lhe foi feito pelo Centro de Salvamento do Leste, da Força Aérea dos E.U.A., por elementos da Polícia Estadual e da Patrulha Aérea Civil, que declarava que a busca do avião Piper Comanche desaparecido, N7418P, tinha compreendido umas 900 pessoas e mais de 500 aviões, que tinham voado um total de 1.100 horas sobre uma ampla faixa de terra sem encontrar qualquer indício do paradeiro do avião, ou do que poderia ter acontecido.

Pela primeira vez, compreendi a enormidade do esforço que já fora feito para localizar o avião desaparecido — busca que agora tinha sido abandonada.

Minha mente consciente procurou dizer-me que eu devia estar enganado na sensação que tinha manifestado à sra. P. pelo telefone — que o avião se tinha espatifado na água em vez de em terra, como supunham todos esses relatórios. Não havia nenhuma referência de qualquer possibilidade de o avião ter pousado na água, e não se havia feito nenhuma busca sobre a água.

Foi no sábado, 13 de fevereiro, que senti que deveria empreender esta tarefa *psicométrica.* Queria ter certeza de que não estava *forçando,* porque quando se tenta forçar, em geral ativa-se a imaginação.

Com franqueza, eu tinha captado uma impressão tão perturbada sobre o genro durante minha conversação telefônica com a sra. P. que relutava em voltar a essa *vibração.*

Porém, quando tive a luva e o gorro de malha nas mãos, senti, mais fortemente do que antes, que minhas impressões *originais* tinham sido certas.

Quando comecei a *ver* e a *sentir* as condições, em minha mente, fui anotando todas, assim:

Estou desviando para a esquerda da linha de vôo, perdendo altura, como se estivesse mais pesado. Estou indo mais ou menos em direção a Tallahassee, Flórida, cerca de uma milha de altura. Estou com problema — um instrumento... um motor... que está faltando. Tenho que descer. Há um pouco de pânico — discussão entre o piloto e o genro. Filha e neto em dois assentos de trás. Mudança nos planos de vôo....

Genro não de muito bom-humor antes de o vôo iniciar-se. Insistindo sobre uma coisa... desejo de ir a um lugar qualquer... não esperar até de manhã... motivo de contratar piloto para voar à noite. Filha infeliz por uma coisa qualquer, de lábios apertados, procura sossegar filho, não queria ir. Parece que o tempo é fator adicional.

Fora da rota... *corpo de água...* área pantanosa... aterragem forçada... procura de área plana... contornos escuros, vagos... termina em estrondo... avião desaparece na água... não se incendeia... mas não é visível do ar.

Terreno encharcado, *água...* impacto de estouro... Nem todos mortos imediatamente mas todos gravemente feridos... impossibilitados de fugir do naufrágio... o corpo do menino pode ter sido atirado... todos os corpos não estão juntos...

Sinto busca para esquerda do padrão de vôo, desviado até quarenta ou cinqüenta milhas, o cruzamento em ziguezague sobre a área em que o avião poderia ter descido na *água,* talvez desse resultado. Não conheço nada da natureza desta região e não quero conhecer, porque isto falsearia as impressões se alguma delas provasse ser válida.

Parece haver uma área elevada à direita do ponto em que o avião caiu. Ele pode ter iluminado esta ao cair. Área de mato cerrado não longe da *água...* provavelmente região pantanosa.

Acredito que fragmentos do avião e corpos serão encontrados na *água* quando as condições do tempo forem melhores... talvez por pescador de barco...

Seu genro impressiona-me como o que se poderia chamar "exímio operador". Infelizmente, sinto que havia mais duas mulheres em sua vida, e uma que tinha um direito sobre ele. Era uma personalidade encantadora, um indivíduo persuasivo, que sabia encantar e impressionar as pessoas. Tinha gostos e ambições exorbitantes — alguns aparatosos e além de sua capacidade financeira. Mas fora capaz de encobrir bem e de conquistar a confiança de muita gente. De qualquer maneira, não de todo mau. Mas, na hora da morte trágica, pressionado, tenta endireitar as coisas. Percebo uma sensação incômoda na boca do estômago, como se não possa quase suportar sentimentos íntimos, como se estivesse sendo encurralado por acontecimentos dos quais eu mesmo fui a causa.

Espero que estas sensações sejam errôneas porque percebo espanto e preocupação da filha, que não parece compreender ou admitir. De qualquer maneira, esta sensação dominante está estranhamente confusa. Até este ponto, o piloto, que foi contratado para fazer este vôo, é uma vítima das circunstâncias — o desejo de fazer o vôo noturno — o incidente que se desenrola no ar.

Não sei dizer se entrou ou não nisto alguma bebida... Sua filha é uma pessoa idealista, que se interessa por trabalhos caseiros, desejosa de satisfazer as exigências de um caprichoso porém brilhante marido. O menino é uma personalidade magnífica, expansiva, que se parece mais com a mãe.

Gostaria de poder ser mais preciso na localização do avião acidentado, mas sinto que ele acabará sendo encontrado...

O avião desaparecido *foi* encontrado, três dias depois, 16 de fevereiro, por um *pescador* de Hudson, Flórida, que deu com os destroços a uma profundidade de mais de três metros na água no golfo do México — umas quarenta milhas para a esquerda do padrão de vôo do ponto de partida do Aeroporto de St. Petersburg-Clearwater, exatamente de acordo com as minhas impressões, cerca de cinco milhas distantes da praia.

O avião estava em pedaços, como foi relatado mais tarde pelo Departamento de Aeronáutica Civil. A maior parte da fuselagem fragmentada e pequenas partes das asas foram recuperadas numa área de mil e quinhentos metros de diâmetro. Apenas partes dos corpos foram encontradas, mais uma vez como eu havia previsto.

A 26 de abril a sra. P. enviou-me uma declaração juramentada, testemunhando a correção dessas impressões, que diz o seguinte:

> A Quem Possa Interessar:
>
> No dia 9 de fevereiro telefonei ao sr. Sherman pedindo seu auxílio na localização de minha filha, neto e genro que estavam desaparecidos depois de ter saído de St. Petersburg, Flórida, na noite de 3 de janeiro, em seu avião particular, juntamente com um piloto contratado por meu genro.
>
> Depois de falar com o sr. Sherman, enviei-lhe uma luva pertencente a minha filha e um gorrinho de malha de meu neto. O sr. Shernian disse que tinha uma sensação muito perturbada a respeito de meu genro, e que tinha certeza de que o avião seria encontrado na água, e por um pescador.
>
> No dia 17 de fevereiro, a mulher do piloto, com quem eu mantinha constante contato, telefonou-me para dizer que o Piloto Chefe de St. Petersburg a informara de que o avião e os restos tinham sido encontrados no Golfo.
>
> Fretei um avião e voei para Tampa. Na manhã de 18 de fevereiro, encontrei-me com a mulher do piloto no cais para onde levaram os pedaços do avião. A essa altura não tinham resgatado nenhum resto. *O Piloto Chefe enganara-se.*

Identifiquei o avião e as roupas de meus filhos, e a carteira de minha filha. Não encontraram nada de meu genro, que eu visse, nem mesmo roupas.

Encontraram um sapato de homem com o pé *dentro dele.* Porém, segundo o tamanho do sapato, foi decidido que era do piloto.

Quando falei com o sr. Sherman pelo telefone, ele disse que sentia que todos os corpos não seriam resgatados logo. Creio firmemente que meu genro saltou ou foi atirado fora antes de o avião espatifar-se pois não havia absolutamente nada que o identificasse.

A mulher do piloto me disse que foi ao aeroporto de St. Petersburg, de onde o marido e nossa família levantaram vôo, na noite de 3 de janeiro, depois que foram declarados desaparecidos. Ficou sabendo que tinha havido uma verdadeira discussão entre minha filha e meu genro, que minha filha não queria ir antes de amanhecer, e que, finalmente, meu genro disse que ia contratar um piloto para conduzi-los.

Portanto, o sr. Sherman tinha razão sobre a discussão que teve lugar entre meu genro e minha filha. Também estava certo sobre um pescador que encontraria o avião.

Gostaria, além disso, de declarar que o sr. Sherman, se tivesse morado com eles e conhecido nossos filhos, não poderia tê-los descrito com maior exatidão. Ele me contou coisas sobre meu genro que eu não teria acreditado se pessoas muito intimamente ligadas a ele não me contassem.

Minha filha era muito moça, tinha vinte e quatro anos, odiava qualquer discussão e nunca erguia a voz. Era a mãe perfeita. Sei que ela não sabia nada da reputação anterior de meu genro. Acredito que depois que se casou com ela, ele procurou com afinco tornar-se pessoa direita. *Ele certamente nos enganou* a *todos.*

Estou enviando uma cópia deste relatório ao dr. Karlis Osis, American Society for Psychical Research, que me recomendou o sr. Sherman.

Mais tarde, a 1.° de julho, a sra. P. escreveu-me novamente, enviando uma cópia do relatório completo do Departamento de Aeronáutica Civil sobre o encontro do avião desaparecido.

Contém a história completa do vôo fatal, desde o momento da decolagem até a recuperação no oceano, com uma lista de todas as partes recuperadas do avião, assim como dos corpos, com o boletim meteorológico completo dessa noite, e uma declaração de que o avião estava a uma altura entre 1.500 a 1.600 metros quando se teve a última notícia sobre ele.

Nas minhas impressões registradas, eu declarava que sentia o avião, quando surgiu o acidente, estar a mais ou menos mil e seiscentos metros de *altura*.

A sra. P. juntou uma carta que escrevera ao dr. Osis, na qual mais uma vez afirmava:

> Telefonei ao sr. Sherman depois que o senhor me deu seu nome e o número do telefone. Na primeira vez em que falei com ele, disse-me que *tinha certeza* de que seriam encontrados *muito breve*. Disse que *tinha muita certeza* de que seriam encontrados na *água*... que tinha uma *sensação muito perturbadora* sobre meu genro. Disse que tinha certeza de que o avião tinha voltado. Prometi-lhe um objeto que pertencia a meus filhos, que despachei nesse dia.
>
> Quando falei com o sr. Sherman, não me senti muito animada, pois diversos pilotos me haviam dito terem certeza de que o avião não estava no Golfo porque não iriam até o mar num monoplano.
>
> *Tudo o que* o *sr. Sherman disse em seu relatório estava rigorosamente correto.*
>
> Depois que recebi seu relatório comecei a investigar o passado de meu genro e preferiria não reproduzir o que encontrei.
>
> Sou muito grata a tudo o que fizeram por mim. Se houver alguma coisa que eu possa fazer para qualquer dos senhores, tenham a bondade de me informar.
>
> (Assinado) Sra. P.

Naturalmente, você quer saber como foi que minha mente conseguiu retroceder no tempo e ver e sentir todos esses acontecimentos pormenorizadamente. Gostaria de ter uma explicação definida mas ninguém compreende ainda como estas faculdades extra-sensoriais conseguem informações. Entretanto, deve haver um registro vibratório mantido pela Natureza, de tudo que acontece a cada um, no que se poderia chamar "o éter mental", à falta de um modo de descrevê-lo, e que é possível sintonizar quando se fixa a mente sobre determinada pessoa.

O genro já tinha morrido quando me vieram as impressões sobre a vida anterior que ele tivera. Mas eu tive de captar estas impressões exatas de uma fonte *qualquer.* Os que acreditam na chamada "comunicação do espírito" sugeririam que eu conseguiria esta informação de sua existência na "vida posterior". Todavia, excluo isto como sumamente improvável. Tinha consciência de nenhum contato com qualquer dos quatro que haviam encontrado a morte nesse desastre de avião. Quando eu aplicava a atenção de minha mente neles e "imaginava" o que lhes teria acontecido, essa informação simplesmente "invadiu-me a mente" na forma de imagens mentais e sensações fortes, que tive de interpretar com minhas próprias palavras. Isto não era telepatia. Estavam em ação duas outras partes do ESP, conhecidas como *clarividência* e *psicometria.*

Ninguém sabia, no momento em que fui chamado, que o avião caíra na água, portanto este fato não estava na consciência de ninguém. Então, minha mente, avançando pelo tempo e pelo espaço, de alguma forma percebeu o que acontecera na distância e pôde ver mentalmente os fragmentos do avião na água. Antes que me mandassem os artigos da filha e do neto, eu já tinha, como está escrito, recebido a impressão da duplicidade do genro e de uma discussão que ele tivera com a mulher, antes de decolarem. Para que eu pudesse sentir esta informação ela devia estar acontecendo de uma forma qualquer. Onde e em que estado é um dos grandes mistérios que aqueles que estão estudando a Percepção Extra-sensorial procuram elucidar.

Na Psicometria, acredita-se que tudo que se faz fica registrado ou impresso em cada objeto ou peça de vestuário ligado à pessoa, e que um indivíduo sensibilizado pode sintonizar estas "vibrações" pelo contato com o artigo. Nestas condições pode perceber coisas que aconteceram a você, em especial experiências altamente emocionalizadas. Estas impressões lhe chegam sob forma de imagens mentais fugidias, sensações fortes ou sensações "conscientes" — que ele tem de interpretar com suas próprias palavras.

Felizmente, uma vez que minhas impressões neste caso se revelaram tão exatas, foram bem provadas. Havia cópias de minhas impressões com a sra. P. e com o dr. Osis, antes que qualquer deles tivesse informação ou confirmação dos muitos pormenores que registrei.

A maioria dos cientistas não está disposta a admitir que qualquer sensitivo possa conseguir um conhecimento tão pessoal e íntimo pela percepção extra-sensorial como pude receber no caso que acabo de relatar. Não querem admitir que a percepção extra-sensorial seja simplesmente possível. Todavia, convido os interessados a examinar este caso em cada pormenor. A sra. P. ofereceu sua colaboração e tenho certeza de que o dr. Osis auxiliará em qualquer investigação de todos os fatos e condições do caso.

Um dos principais psiquiatras e pesquisadores de ESP do país disse-me tratando deste caso:

> Não são necessários mil casos para provar a existência da percepção extra-sensorial. É preciso apenas um caso empírico, estudado a fundo pelos cientistas, e se ele desafiar as explicações em qualquer base material conhecida, se não puder ser explicado senão pela percepção extra-sensorial, então, se pudermos todavia compreender como esses fenômenos se realizam, devemos aceitá-los como fato.
>
> Pessoalmente, tenho mantido uma atitude neutra de "pró" e de "contra" — mas, se se provar um dia o ESP de maneira que satisfaça, terei de jogar fora meus compêndios e começar tudo de novo"'

É claro que uma ação tão drástica não seria necessária, mas os cientistas *vão* ter de ampliar seus horizontes, abandonar suas mentes fechadas e admitir que a consciência do homem possui propriedades não físicas de conhecimento muito além dos cinco sentidos.

O que tenho podido demonstrar, sob condições analisadas, em diversas épocas de minha vida, outros sensitivos também puderam fazer. Não posso ter certeza de resultados cem por cento em cada vez que tento, nem ninguém pode. Nós ainda não sabemos o suficiente sobre essas faculdades superiores para dominá-las com eficácia e segurança. Mas confio em que as futuras pesquisas e experiências com o tempo nos darão esta possibilidade.

Minha ESP Research Associates Foundation recebe atualmente centenas de relatórios de experiências de ESP vindas de homens e de mulheres de todas as posições sociais. Não faz diferença qual seja sua convicção religiosa ou se eles acreditam ou não que o ESP seja possível. De qualquer maneira, estas experiências lhes chegam, em tensas condições emocionais receptivas. É um sinal evidente de que esses poderes extra-sensoriais existem na mente de todos e estão apenas à espera de identificação e desenvolvimento.

VOCÊ PODE DESENVOLVER SEUS PODERES ESP

No meu livro *Como Fazer o ESP Trabalhar para Você,* descrevo as técnicas pelas quais estas diferentes fases do ESP são realizadas. Grandemente simplificado, este é o método básico pelo qual você pode desenvolver a capacidade sensitiva de transmitir e receber impressões:

1. Você precisa relaxar completamente seu corpo material.
2. Com o corpo relaxado, você deve tornar sua mente consciente passiva.
3. Em seguida volte a atenção de sua mente consciente para dentro — e imagine que está olhando, com os olhos da mente, para uma tela branca, estendida na sala escura de sua consciência interior.

4. Mantenha esta imagem mental de uma tela vazia como um ponto de focalização enquanto se concentra na pessoa de quem deseja receber impressões.
5. Não tente forçar a chegada das impressões. Permaneça relaxado no corpo e no espírito. Procure ter uma sensação de expectativa, com a confiança de que será capaz de ver imagens atravessarem a tela mental" vindas da mente do amigo ou da amada que está agindo como remetente.
6. A primeira imagem ou sensação que chega até você, se você estiver realmente sintonizado, está propensa a ser a certa. Anote-a imediatamente... em seguida relaxe, esperando a impressão seguinte, e assim por diante.

Com a prática, você pode muito bem ficar surpreendido ante o número de resultados certos que conseguirá.

Para enviar, usa-se o mesmo método para preparar a mente. Depois, quando estiver pronto para enviar, crie quadros mentais do que você deseja tentar transmitir, ou alimente sensações fortes sobre a experiência ou pensamento que deseja comunicar. Continue mantendo estas impressões, enquanto as for sugestionando para o *recebedor*.

Tenho a convicção de que todos nós possuímos estes poderes sensoriais superiores adormecidos ou parcialmente desenvolvidos e que quando os identificamos — quando temos fé em que estes poderes podem e deverão servir-nos — eles começam a funcionar para nós! A dúvida e a descrença impedem que estes poderes se manifestem tão claramente como a dúvida e a descrença impedem seus poderes criadores mentais de agir dentro e através de você. Estas faculdades extra-sensoriais fazem parte do mesmo grande poder. Um impulso ou urgência repentina e inexplicável de fazer ou não fazer é a sua intuição. Estas percepções extra-sensoriais estão procurando entregar uma mensagem a você.

Às vezes, você receberá uma impressão ou um quadro mental instantâneo de um acontecimento futuro, alguma coisa que lhe acontecerá com o tempo. Não deixe sua mente consciente tentar dissuadi-lo disso, se tiver uma forte convicção de que esta impressão premonitória é verdadeira.

Acredito que o homem tem o poder dentro de si de criar o próprio futuro, numa proporção muito grande. Quanto mais puder aprender para desenvolver e contar com seus superiores poderes mentais e suas faculdades intuitivas, e seguir seus ressentimentos e premonições verdadeiros, melhor poderá evitar experiências infelizes e atrair para si bons acontecimentos.

VOCÊ PRECISA SABER MAIS A RESPEITO DE SEU SUBCONSCIENTE

Antes que saiba realizar o que deseja dentro e através de sua mente, você precisa saber mais sobre as atividades de seu subconsciente. Há uma grande dose de mistério associado ao seu funcionamento e muitos cientistas, médicos, biológos, antropólogos, psicólogos, psiquiatras e outras autoridades estão procurando obter mais luzes sobre o que acontece nos profundos recessos do cérebro do homem.

Já descobriram que grandes partes do cérebro do homem podem ser retiradas sem danificar sua consciência ou sua inteligência. Você já ouviu falar no electroencefalógrafo, esse aparelhamento que situa e registra as ondas do cérebro. Ouvi falar há pouco de um novo instrumento, atualmente em desenvolvimento, pelo qual as correntes positivas e negativas de cada órgão do corpo podem ser cartografadas para determinar seu estado de saúde" elétrico".

Sabe, o corpo material não é o organismo material grosseiro que pensávamos antigamente. Ele é agora citado como "máquina electroquímica" de grande sensibilidade. Há alguns anos, os cientistas pensavam que a assim chamada alma fazia parte do corpo e morria com o corpo. Hoje, não têm tanta certeza.

Na verdade, muitos cientistas concluíram que a inteligência — a consciência — pode não ser parte do corpo; mas simplesmente se manifesta através do corpo. Imagine a si mesmo, portanto, como um morador provisório, morando na sua magnífica casa de carne, adquirindo experiência e expandindo sua alma ou consciência através desta experiência enquanto estiver aqui, partindo finalmente desta casa, quando estiver estragada ou sua utilidade estiver esgotada.

Fantástico? Nada é fantástico nesta Era Espacial. O que a mente do homem pode imaginar, a mente do homem pode realizar. O homem tem desejado a *imortalidade* desde que o homem tem tido existência consciente. Sonhou, escreveu e cantou uma "vida futura" em suas religiões, suas filosofias, suas canções e suas aspirações pessoais. Agora está ficando patente que o homem tem sentido intuitivamente "uma região além do alcance dos cinco sentidos", não menos real do que o mundo em que ele está agora, uma região que espera sua chegada depois da mudança chamada "morte".

Desenvolvendo seu conhecimento, você, também, ficará consciente de uma convicção positiva progressiva de que "esta vida não é tudo"; que é "apenas o início" de uma experiência e uma aventura que se desenvolve permanentemente no grande universo de Deus!

A chave para esta compreensão mais profunda de si mesmo e de sua relação com a consciência de Deus interior será encontrada no seu controle aumentado e na direção da parte sub-consciente de seu eu.

Quanto você sabe sobre sua mente subconsciente? Sabe que é o mecanismo mais notável do universo ? *Mecanismo* talvez não seja a palavra certa, mas é preciso dar-lhe um nome qualquer. Opera com a precisão de um relógio, se você o dirigir com propriedade. Se você tivesse um criado que confiasse em você irrestritamente, e seguisse cada ordem sua em todos os pormenores, trouxesse para você tudo o que imaginasse, fosse bom ou mau para você, teria uma pequena amostra do que o seu sub-consciente faz.

Se pareço repetir minhas palavras de maneiras diferentes, é exatamente isso o que estou fazendo. É sumamente importante que você tenha um conhecimento — verdadeiro e compreensível da maneira pela qual o subconsciente funciona. Ele armazena para sua utilização futura todos os quádros mentais e sensações de experiências que tem tido. O que você sente sobre qualquer pessoa ou qualquer coisa fica arquivado no seu subconsciente.

Seus temores, ansiedades, ódios e preconceitos estão todos lá, juntamente com seus bons pensamentos. Quando tem bons pensamentos, você sintoniza outros bons pensamentos da mesma natureza que já estão arquivados. Se você gosta de alguém hoje e nada acontece para modificar esta estima, amanhã você gostará mais, porque os sentimentos de cada dia a respeito dessa pessoa vão juntar-se aos sentimentos do dia anterior. A repetição é uma força formidável.

Comece fazendo coisas de determinada maneira, que você as continuará fazendo dessa maneira, a não ser que mude de idéia ou aconteça alguma coisa que o faça agir diferentemente. Você forma um sulco em sua mente como o sulco de um disco fonográfico, mas o sulco não precisa permanecer dessa forma. Você pode fazer outro sulco quando desejar, porque você é uma criatura de vontade livre e livre escolha e sua mente sub-consciente é sempre dominada e dirigida por seus desejos e decisões conscientes.

Seu subconsciente é um amplo reservatório de conhecimentos que você adquiriu com a experiência e a educação passadas e com o raciocínio, ele possui também conhecimento que traz por meio de suas faculdades intuitivas — seus poderes *perceptivos extra-sensoriais* — porque uma parte de seu subconsciente não está limitada pelo tempo nem pelo espaço. Ele é uma usina de energia que avança para o universo que rodeia você e lhe traz uma serie de conhecimentos que você jamais poderia conseguir através apenas de sua mente consciente.

Como seu subconsciente faz isso tudo, ninguém sabe, mas os cientistas estão colhendo provas abundantes de que você é uma poderosa estação de remessa e recebimento com uma ligação de circuitos universal. Você pode ser posto em contato com praticamente qualquer pessoa ou coisa que quiser. Naturalmente, não são muitos os que estão desenvolvidos ao ponto de poder dirigir estes poderes superiores de maneira a comunicar-se *conscientemente*, com os mundos físicos, mentais, psíquicos e espirituais. Segundo muitos pesquisadores, um dia talvez possamos sintonizar, não somente o presente, como o passado e o futuro.

Seu subconsciente é a parte de sua personalidade que nunca dorme. Se ele parasse em sua tarefa, seu corpo pararia de funcionar, pois ele encerra a inteligência milagrosa que mantém seu coração batendo, seus pulmões respirando, seu estômago digerindo tudo o que você come (e não pense que as vezes isso não seja uma verdadeira façanha!). Cada órgão de seu corpo, inclusive o funcionamento de seus cinco sentidos, é regulado por seu subconsciente, e se você não interferir no seu controle atirando uma chave inglesa na sua maquinaria subconsciente em forma de medo ou angústia, seu coração nunca salta uma pulsação, você respira sem pensar nisso e você nunca sabe que seu estômago está digerindo seu alimento. Mas ponha-se a preocupar-se com alguma coisa, fazendo com que seu corpo fique tenso — e veja seu coração palpitando, veja como sua respiração fica curta e como não tem vontade de comer porque tem um nó no estômago. Você talvez até fique enjoado.

Isto deveria ensiná-lo a cuidar de seu raciocínio e a deixar seu subconsciente cuidar de seu corpo. Se você disser a seu sub-consciente que está transtornado, seu subconsciente *tem* de dizer a seu corpo a mesma coisa, porque seu corpo — a casa em que você mora — é apenas um reflexo de seu pensamento. Você não pode simplesmente *dizer* que se sente bem, se se sente doente.

Dê a sua mente subconsciente um problema para ocupar-se logo antes de dormir. Tenha fé em que esta inteligência superior que está dentro de você pode resolver e resolverá este problema. Esqueça-o, e de manhã, você acordará com a resposta ou saberá o que fazer para conseguir a resposta. Quanto mais você praticar o costume de dar tarefas para seu subconsciente, mais ele trabalhará para você. É o criado mais pressuroso que você jamais terá! Não importa o quanto você acumule de trabalho para ele, quantos problemas você lhe entregue, quantos desejos ou objetivos você carregue na consciência ao mesmo tempo. Lembre-se: seu subconsciente não é limitado em sua ação, a não ser que você o limite por seu raciocínio limitado.

Este espantoso subconsciente possui um poder que, à falta de uma forma melhor de descrevê-lo, é *magnético*. *Parece* magnetizar as condições que o rodeiam no momento em que você lhe der um quadro claro do que você deseja. E principia atraindo tudo o que você precisa, até as pessoas que você precisa encontrar, para ajudá-lo a conseguir o que procura.

As coisas começam a acontecer com tal naturalidade que muitas vezes você não percebe que sua mente subconsciente está agindo para você. Está usando todos os seus poderes — nos aspectos físicos, mentais e espirituais de sua vida — e concentrando estes poderes no seu objetivo.

Você não pode falhar se instruir adequadamente seu sub-consciente e mantiver a fé no Poder Divino interior, tão milagroso. Mas o mais misterioso de todos os trabalhos de seu subconsciente é — você adivinhou — o que a ciência chama suas "faculdades extra-sensoriais".

Há aqueles que acreditam que podem, de vez em quando, comunicar-se através da mente com os entes queridos que passaram. Por que não? Se os seres humanos sobrevivem à morte e podem comunicar-se, de mente para mente, enquanto estão na terra, devem ainda poder alcançar-nos *através da mente* quando tivermos desenvolvido suficientemente nossos poderes de sensibilidade. . . ou em nossos sonhos, quando a mente consciente está apagada e nos encontramos no terreno do subconsciente, sem estarmos tolhidos pelo tempo ou pelo espaço!

Arthur Godfrey, num número dessa pequena e inspirada revista *Guideposts*, conta uma "experiência psíquica" acontecida com ele:

> Foi em 1923. Eu estava de serviço a bordo de um destróier da Marinha — encarregado das radiocomunicações. Tinha perambulado muito desde que saíra de casa. Os anos e a vida não tinham sido bondosos demais porém a Marinha tinha sido um santuário, a única segurança que eu já encontrara durante muito tempo. Um dia, adormeci em meu beliche na cabina.
>
> Papai — fazia anos que não o via — entrou de repente na cabina.

Estendeu a mão, dizendo; — Até logo, garoto! Respondi: Até logo, Papai. Disse uma espécie de oração; não era eloqüente mas vinha do coração.

Não o vi depois. Quando acordei, meus camaradas me contaram que, no momento exato em que eu dormia, os fios de terra transmitiram a notícia da morte de Papai.

Não me venham falar na ciência e na sua explicação exata de tudo. Há coisas maiores. Deus é a diferença. Ele está por perto.

Sim, Deus é a diferença — o Poder Divino interior. Mas compete a você desenvolver este poder e aprender a usá-lo em sua vida cotidiana. Exercite-se na compreensão de seus pressentimentos, a orientação que você recebe das impressões que lhe chegam. Se você acreditar nos seus poderes superiores, se tiver fé, eles agirão para você, agirão mesmo! E, quando tiver tido experiências próprias, semelhantes às que relatei neste capítulo, você nunca mais voltará a duvidar!

PENSAMENTOS PARA INCORPORAR EM SUA VIDA

Todo indivíduo possui a faculdade da percepção extra-sensorial, muitas vezes designada como um "Sexto Sentido", que funciona além do alcance dos cinco sentidos físicos.

Quando uma impressão é recebida espontaneamente pelo homem comum, é geralmente descrita como palpite ou pressentimento — uma forte sensação de fazer ou não fazer uma coisa.

A parte mais conhecida do ESP é a Telepatia — comunicação de mente para mente. Há uma técnica para enviar e receber pensamentos que se pode aprender. Pode vir a ser desenvolvida e utilizada pelos astronautas, como meio de se manter "em contato sensível" com os transmissores e receptores humanos da terra.

Esta comunicação "espacial telepática" talvez seja para o futuro distante, mas o fato de o homem possuir estes superiores poderes mentais indica que ele tem um destino além desta vida.

Sugere também que o homem está ligado de maneira ainda inexplicável, através do plano de Consciência Cósmica de sua mente, com o que se deve rotular de Presença de Deus.

Estes poderes ESP manifestam-se através da Intuição e servem para guiar e proteger aqueles que desenvolvem seu conhecimento íntimo.

Aceito com fé que esta direção e proteção poderá pertencer-me se, eu tornar minha mente receptora ao funcionamento do ESP dentro e através de meu ser.

13

O Poder da Personalidade

Um de seus tesouros mais inestimáveis é — ou *pode* ser — sua *personalidade!*

Com a correta expressão de sua personalidade, você tem, por meio dela, o poder não só de mover "montanhas" como mover pessoas.

Pode levar as pessoas a gostarem de você, a acreditarem em você, a auxiliá-lo, a lhe darem seu amor e amizade, sua compreensão e lealdade — tudo em retribuição ao que você é, ao que você *representa,* para elas.

Quando você aprender a *projetar* sua personalidade, este poder de mover "montanhas" (qualquer obstáculo ou dificuldade na vida) e mover pessoas se tornará o mais dinâmico, o mais magnético, mais atraente de todos os poderes.

Nenhum ser humano vence em grande escala a menos que tenha aprendido a libertar o encanto e a força de sua personalidade.

O que é personalidade?

É VOCÊ em expressão exterior, o que você reflete em tudo que faz e diz. É a expressão de seu olhar, o tom de sua voz, a sua maneira de andar, de gesticular e de sorrir, o modo como você se veste, trabalha e se diverte, os interesses que tem na vida, suas aptidões e capacidades, sua atitude para com você e para com os outros!

É tudo isso e mais ainda. É sua capacidade de expressar-se num modo caracteristicamente diferente de qualquer outra pessoa que já viveu. Você é você e ninguém mais pode ser você — na maneira individual e caracteristica exata que você é *você.*

Poderá haver os que se parecerão com você na aparência, na estatura e no aspecto físico, mas mesmo esses não são réplicas exatas, porque a Natureza não cria réplicas, duplicatas precisas em todo o universo!

Você é diferente, você existe num modelo que é todo seu, e compete a você tirar o melhor partido do que trouxe para este mundo que representa VOCÊ.

Muito bem, vamos a isso. O que foi exatamente que você trouxe para o mundo? Você reside numa forma física que pode ser decretada baixa ou alta, magra ou gorda, bela ou feia? Tem uma desvantagem qualquer? Sente-se inibido por experiências passadas, medroso, tímido, sem confiança em você mesmo, incapaz de expressar seu verdadeiro eu como gostaria? Acha que não está tirando da vida o que deveria?

Se é assim, reflita sobre o que os outros fizeram com suas vidas, como conseguiram projetar suas personalidades acima e além de todos os obstáculos e limitações aparentes.

Você cessou de avaliar até que ponto tem sido influenciado pelos outros, o impacto que suas personalidades têm causado em você?

Pense nas numerosas e variadas impressões que todos os que conheceu e com quem esteve unido fizeram em você! Além disso, você foi igualmente afetado pelas vidas, pensamentos e feitos de personalidades que você nunca conheceu e não conhecerá nunca. Algumas destas personalidades podem não ter vivido no seu tempo, mas a projeção do que vieram fazer e dizer neste mundo tem sido tão poderosa que continua a existir e a exercer sua influência nas mentes dos homens — inclusive na sua.

Reflita sobre a imensa influência que Jesus e sua filosofia têm tido sobre a consciência humana! Você deve também reconhecer que grandes mentalidades e personalidades como Confúcio, Lao-Tse, Maomé, Buda, Zoroastro, Moisés, Platão, Aristóteles, Sócrates. Sto. Tomás de Aquino, Descartes, Spinoza. Kant e inúmeros outros deixaram marcas duradouras sobre incontáveis milhões de semelhantes humanos.

Da mesma maneira, pelo contraste, você tem apenas de examinar a história passada para encontrar a prova do *efeito devastador* que personalidades como Gengiscão, Júlio César, Aníbal, Alexandre, Napoleão, o Kaiser Guilherme II, Hitler, Mussolini, Stalin e incontáveis tiranos e ditadores têm tido sobre o mundo.

Sua personalidade pode ser assim uma força para o bem ou para o mal, dependendo de como você a expressar. Sua influência na vida será proporcional à importância de seu talento em qualquer campo de atividade que escolher.

Você pode não estar destinado a ser líder, a ser um grande nome em sua comunidade, seu estado ou sua nação. Poucos de nós, relativamente, elevam-se às alturas de um Winston Churchill, um Dwight Eisenhower ou um Mahatma Gandhi, mas possuímos contudo a oportunidade de nos expressarmos com êxito e felicidade onde estivermos, prestando um serviço valioso e muitas vezes reconhecido a todos que estiverem ao alcance de nossa personalidade.

Este deve ser o objetivo de sua vida — servir o melhor que puder, onde estiver, acreditando que uma tarefa bem realizada e uma vida bem vivida trarão sua recompensa proporcional a você e a seus entes queridos.

E quem sabe? Uma realização superior de sua parte em qualquer profissão ou atividade pode conduzir ao reconhecimento superior. Você *pode* ser desconhecido hoje e um grande nome amanhã. Isso não é impossível. Imersa em cada personalidade está a potencialidade de *grandeza*. Você quer cavar sua mina de urânio, refinar o ouro que está em você, aperfeiçoar e fortificar sua fraqueza, aplicar o tempo e o esforço necessários para conseguir o máximo de resultado de você mesmo?

Retroceda vidas pregressas de qualquer dos homens e mulheres eminentes de hoje, até o tempo antes de se tornarem "alguém". O que encontra? — Uma determinada soma de talento e capacidade em processo de desenvolvimento. Defeitos de personalidade, sem dúvida. Falta de experiência e de preparo. Todavia, uma vontade de "chegar lá" — de vencer qualquer obstáculo que encontrarem — de tirar proveito dos erros, de erguer-se acima dos fracassos e das decepções.

Nunca ninguém conseguiu altos feitos sem ter de enfrentar a adversidade, de superar fases de saúde precária ou de acidentes, de corrigir reações mentais e emocionais negativas aos acontecimentos da vida.

A gente realiza através da luta. É este o caminho do progresso. A maneira pode parecer difícil, mas o objetivo é certo se você enfrentar e passar os testes, à medida que vão surgindo.

Tudo na vida é relativo. Quando você começar a compadecer-se de você mesmo e a entregar-se a suas próprias mágoas, sempre poderá olhar à sua volta e, se souber adotar um ponto de vista imparcial, achará pessoas numa situação muito pior do que a sua.

O desenvolvimento de sua personalidade e sua expressão completa não é um empreendimento da noite para o dia. São as pequenas coisas que você faz a cada dia, a maneira como você está reagindo, mental e emocionalmente, ao que está acontecendo, como você se sente para com os outros, o que você pensa de você e daqueles com quem tem contato — todas estas experiências vão fazendo alguma coisa a você e se refletem na sua maneira individual de se expressar.

COMO CAPITALIZAR COM SUAS POSSIBILIDADES

Você por exemplo pensa que a Natureza lhe entregou um mau bocado porque talvez se ache feio e de aparência estranha. *Se aceitar esta "imagem" própria, vai projetá-la nos outros.* Mas o que fez *Phyllis Diller* quando há alguns anos se examinou ao espelho? Viu a figura de uma mulher que, como talvez tenha dito, faria parar dois relógios carrilhão. Tinha tudo o que as Elizabeth Taylors da vida não tinham, e tudo nos lugares errados. Como poderia ela jamais fazer alguma coisa com a sua cara engraçada, o cabelo rebelde, o corpo o contrário do de Sofia Loren? O que possuía ela *realmente* que pudesse capitalizar? Sua família de cinco "moleques" poderia usufruir mais um pouco de "grana" se ela pudesse descobrir algum meio que a ajudasse a aumentá-la.

De qualquer maneira, não adiantava nada continuar a acentuar os *nãos*. Resolveu que teria de fazer um estudo de si mesma e ver se poderia apanhar algumas idéias negociáveis. Como reforço para um inventário pessoal, Phyllis Diller foi à biblioteca e trouxe para casa dois livros. Ela mesma me disse que eram *A Magia da Crença* de Claude Bristol, e a edição original de *TNT Nossa Força Interior*, de Bristol e Sherman.

— Esses livros mostravam que a gente tinha de conseguir a "imagem certa de si mesma antes de chegar a qualquer ponto — disse Phyllis — e isso me fez pensar — imaginar que espécie de imagem as pessoas tinham de mim. Por sorte, nasci com um contagioso senso de humor e a capacidade de rir de mim mesma. Lembrei-me que sempre que ia a uma festa ou a uma reunião social com amigos, eu os *matava* de rir pela maneira como contava as histórias do que me acontecia e aos garotos. Inconscientemente eu punha expressão em tudo que fazia ou dizia, fazendo caretas e fazendo diversas contorsões com os olhos, o cabelo e as mãos. Pois vamos encarar isso — uso todas as partes do corpo quando estou em ação e agora que estou no palco, visto este corpo de todos os vestidos exóticos que puder encontrar ou fazer.

"Mas voltando ao ano APD — *Antes de Phyllis Diller* — veio-me a idéia de que, em vez de divertir amigos e vizinhos, gratuitamente, por que não reunir algumas dessas piadas que andara desperdiçando e experimentá-las num auditório *pagante* para ver se ririam da mesma maneira efusiva com os meus esgares simplórios? Achei minha oportunidade numa pequena casa noturna de beira de estrada — e todos me aclamaram ruidosamente. Desse dia em diante, eu fui uma explosão de "melhora de categoria" e desde então as pessoas têm me aclamado. Toda a vez que apareço na televisão ou no palco, começam a rir antes até de eu abrir a boca. Quanto a mim, *eu* rio, como dizem sem parar até o banco!"

Phyllis atribui francamente sua ascensão desde "Piadas para os ricos", ao dia em que olhou no espelho e resolveu que, uma vez que não ia ser bonita, era melhor concentrar a atenção no desenvolvimento de uma boa personalidade. A imagem que aceitou e depois criou e aperfeiçoou, está agora projetada nas mentes e nos corações de milhares de pessoas cuja moral ela levantou e iluminou com as suas hilariantes caricaturas de si mesma.

Hoje, tendo-se tornado uma das mais engraçadas comediantes do mundo. Phyllis Diller declara que segue conscienciosamente seu "programa de visualização". *Reserva uma hora todos os dias para "imaginar o que quer" e verifica e separa diversas realizações à medida que vão surgindo.*

O que Phyllis Diller tem feito com o que a natureza lhe deu, mais a avaliação de sua inventividade criativa, deve inspirá-lo a descobrir as suas possibilidades talvez ainda ocultas. Descubra uma maneira de transformar suas tendências prováveis em trunfos.

A UTILIDADE DE NÃO SE LEVAR A SÉRIO DEMASIADAMENTE

Quando se pode conseguir rir de si mesmo, mesmo em momentos adversos ou decepcionantes e desencantados, está-se a caminho de sair das dificuldades. Mas se levarmos demasiadamente a sério, a nós e ao que nos acontece, tenderemos a "endurecer"-nos nessa situação e atrair mais experiências infelizes de igual natureza.

Naturalmente, você não pode, nem se importaria de ser outra Phyllis Diller ou um Groucho Marx. Eles têm personalidades peculiares a eles e a seus corpos, dos quais tiraram o máximo partido, completamente diferentes dos seus.

No caso de Groucho, sua pequena estatura e seus traços faciais não teriam normalmente chamado atenção se ele não os tivesse convertido em trunfos. Quando conseguiu isto, atingiu o cume de seu campo de comédia, juntamente com seus igualmente loucos Irmãos Marx. Quando sua associação de sucesso enorme foi dissolvida. Groucho continuou sozinho na televisão, projetando sua personalidade com tanta eficiência que, uma vez visto, sempre se leva na mente uma imagem mental do "homem de charuto e de sobrancelhas grossas." Você tem certeza de que até se sente melhor pensando nele, porque ele sugere humor quando você o vê, com os olhos da mente, agitando as sobrancelhas e o charuto para você. Em outras palavras, Groucho "transmite para você" cada vez que você lembra a imagem dele.

HELEN KELLER, UM EXEMPLO DE TODOS OS TEMPOS

Se você fosse completamente cego e surdo de nascença, qual seria a oportunidade que teria de se elevar a uma coisa qualquer? Como sabe, isto aconteceu a Helen Keller. Você talvez tenha visto a peça teatral e o filme de sua vida; a criança teimosa, rebelde que era, perdida num negro mundo interior, sem qualquer conhecimento racional do exterior. Mas uma mulher, Anna Sullivan, que também tinha sido parcialmente cega desde garota, entrou em sua vida quando tinha oito anos. A srta. Sullivan tornou-se professora de Helen Keller e, depois de anos de dedicação, chegou até a aluna desafiadora pelo caminho do amor e lhe ensinou laboriosamente uma linguagem de gestos, e mais tarde o sistema de leitura Braille. Com o passar do tempo, Helen, que se ia desenvolvendo, foi tomada do impulso de aprender a falar. Em período notavelmente curto ficou capacitada a falar de maneira inteligível, percebendo como enunciar pelo contato com as cordas vocais da professora! Aos vinte anos, entrou para o Radeliffe College, onde se diplomou depois de um curso de quatro anos. Em seguida ingressou na vida pública como escritora e conferencista, e sua heróica vitória sobre suas incapacidades físicas revelou-se inspiração formidável para inúmeras pessoas jovens e mais velhas que se consideravam diminuídas sem esperança.

Em Boston, numa das primeiras ocasiões em que falou em público, ela estarreceu um grupo de médicos dirigindo-se fluentemente a eles em três línguas diferentes!

Nunca subestime as possibilidades que você possui para o desenvolvimento de seus recursos interiores, de expressar sua personalidade de maneira a impor o respeito, a consideração e a afeto dos outros!

No ponto em que você está, não, está principiando, nem com metade das diminuições com que outros homens e mulheres tiveram de lutar. Ajuda imensamente compreender este fato. Muito naturalmente, vacê consciente ou inconscientemente deseja competir com as qualidades atraentes que vê nos outros. Está portanto incorporando em sua vida as experiências que são um pouco do que os outros representam para você. E, do mesmo modo, as imagens mentais que projeta de você mesmo vão, encontrando guarida na mente dos entes queridos, amigos e parentes e fazendo sentir sua influência em grau mais au menos considerável.

Você está satisfeito com a *imagem* de você mesmo que está projetando? Se não, está, resolva o que precisa fazer para melhorá-la.

Será útil passar mais uma vez em revista, as personalidades notórias cujas imagens mentais estão, no seu subconsciente. Estude o seu efeito, sobre você enquanto, vai relembrando pessoas *como:*

Bernard Baruch! Que espécie de quadro mental ele traz à mente? Um homem de cabelo branco emaranhado, óculos e um aparelho de surdez, sentado num banco da Central Park de Nova York, meditando sobre os problemas mundiais? Esta é a imagem que a imprensa lhe deu — o "velho estadista", o "conselheiro e confidente dos Presidentes", um "pensador lúcido sobre os problemas nacionais e internacionais". Você provavelmente aceitou estes "fatos" sobre ele, e sente uma sensação de segurança quando pensa nele. Acredita em que pode contar muito com a sua apinião sobre os assuntos universais.

O que vem à mente quando, você dirige seus pensamentos para Dwight D. Eisenhower? Não vê um homem calvo de sorriso largo, com um boné branco, brandindo, um taco de golfe? Talvez perceba, também, uma certa seriedade e severidade que lhe dá uma sensação de certeza de que ali está um homem que procura sinceramente fazer o melhor que sabe para o país. Você pode ter sido contrário a Eisenhower politicamente e pode ou não ter aprovado sua administração no alto posto, mas sem dúvida aceitou bastante bem esta impressão que ele dá — projetada consciente ou inconscientemente por ele.

Quando sua mente se volta para pensamentos sobre mulheres bonitas (se é membro do sexo masculino) é provável que ela ainda forneça algumas imagens deliciosas da desaparecida *Marilyn Monroe.* Depende, é claro, de sua preferência ser ou não por louras ou morenas e se o que Marilyn Monroe possuía era e é seu "prato" específico. Você pode não se interessar particularmente pelo intelecto nas atraentes imagens femininas que armazenou no seu subconsciente para referência futura, mas você *está* fortemente impressionado pela *forma* e pela personalidade que está por trás da forma. As mulheres cujas figuras têm a maior atração para você permanecem com muita nitidez e sedução em sua consciência. O mesmo se aplica aos homens, os símbolos de masculinidade sedutora, quando o expectador mental é uma mulher.

Todas as personalidades gravam impressões na mente, em todos os tempos, segundo a natureza de sua expressão.

Veja, por exemplo, o falecido *Sir Winston Churchill,* talvez a personalidade mais extraordinária de nosso tempo. Que é que você desenha na mente quando pensa nele? Um homem de rosto bochechudo com o eterno charuto, dois dedos erguidos formando um "V de Vitória" como saudação, um queixo quadrado vincado por um sorriso severo — e você sente que está diante do Rochedo de Gibraltar! Como pode você fracassar nas lutas de sua vida quando reflete sobre o espírito de liderança de tal homem, em quem nunca houve rendição? De pessoas da dimensão de Churchill, todos nós tiramos a força para enfrentar nossas crises particulares.

Mahatma Gandhi! À menção deste nome sua mente evoca a imagem de um homenzinho frágil, curvado, de pele escura, sentado com as pernas trançadas, vestindo uma tanga, sorrindo para você com uma boca quase sem dentes. Você se assombra ante o poder que ele dominava pelo simples exercício da poderosa força da "resistência pacífica". Você ainda pode sentir a natureza espiritual deste homem ao relembrar a dedicação com que ele serviu seu amado povo da Índia. E você percebe que Gandhi teve sua influência sobre você — que seu interesse solidário, mais compreensivo pelos problemas do país dele, foi inspirado por sua alma realmente grande.

Se você pertence à geração mais velha e retroceder até o tempo de Will Rogers, pode imaginar com os olhos da mente, o humorista vaqueiro mundialmente famoso dos Estados Unidos, uma madeixa indisciplinada de cabelo castanho sobre a testa, sorrindo, mastigando chiclete e agitando um laço, rindo das próprias piadas enquanto fala sobre tudo que sabe — "aquilo que lê nos jornais." Você lembrará sua sensação de perda pessoal quando ouviu a notícia de sua morte com Wiley Post no desastre de avião do Ártico. Você sentiu quase como se um membro de sua família hvesse partido. E agora percebe que Will Rogers deixou uma parte de sua personalidade, seu caráter, seu espírito com você — que sua vida é assim mais rica devido à influência que ele teve.

Reflita sobre as pessoas, vivas e mortas, que nunca estiveram diante dos olhos do público mas que tocaram sua vida em algum ponto, direta ou indiretamente, e que você nunca esquecerá — que imprimiram sua personalidade em você e que tiveram um efeito construtivo ou destrutivo sobre você.

Seu pai e sua mãe, irmãos ou irmãs, tias e tios, sobrinhas e sobrinhos, primos, avós, parentes por afinidade, amigos, colegas de trabalho, vizinhos, estranhos — todos desempenharam e estão desempenhando um papel em sua vida.

Como personalidade, você está rodeado por uma legião de personalidades.

Você se destaca como indivíduo, ou é ofuscado, reprimido, dominado ou intimidado por personalidades mais fortes?

Agora que teve esta oportunidade de avaliar a si mesmo, como classificaria sua personalidade como é hoje? Fica à vontade em qualquer companhia, domina qualquer situação? Você se expressa bem e com segurança? Tem um porte natural, uma boa postura e um aspecto positivo? Apresenta uma aparência bonita? É um conversador divertido quando a ocasião exige? Sabe quando é sensato parar de falar e exercer a arte de ouvir? Está informado sobre os acontecimentos do dia, o que acontece em esportes, assuntos nacionais e internacionais?

Você se interessa sinceramente pelos outros, suas atividades, seus problemas, até seus pontos de vista diferentes?

Tudo isto faz parte da expressão da personalidade, e você não pode projetar sua personalidade com êxito sem isso. Se você acha que lhe falta algum destes pontos, aplique-se em progredir nessas áreas.

"Dê uma espiada" em você mesmo ao espelho. Estude cada movimento físico. Ele tem uma história. Cada movimento que você faz marca sua personalidade, em expressão exterior.

Examine a expressão do rosto; indica a maneira como você pensa. Os olhos — como eles se mostram a você? São claros, firmes e diretos? A pessoa que você vê no espelho é aquela que a outra pessoa vê. Que espécie de impressão você deseja fazer nela? Isso compete inteiramente a você.

Você sabe se está ou não satisfeito com sua personalidade. Se não está, desejar simplesmente que ela mude não vai adiantar.

O que é, quando você se vê na presença de outra pessoa que tem personalidade *extra*, que chama sua atenção? O que é que lhe faz *sentir* a sua presença, que ofusca você, que força a atenção e o respeito?

Não é nada mais do que uma força dinâmica, unida à força de vontade, que ela retira do imenso reservatório do subconsciente. Há milhões de pessoas que têm esta personalidade (algumas dizem que lhes é natural e talvez seja, mas estão usando inconscientemente este poder). Foi-lhes concedido, ou o desenvolveram sem perceber, nos primeiros anos de vida, e quando essa coisa chamada personalidade é apoiada sobre a força de vontade e um desejo de ir a lugares e a fazer coisas, elas conseguem *ação!*

A personalidade atraente pertence ao homem ou à mulher que possui autoconfiança, auto-segurança. São pessoas que têm um objetivo; sabem para onde se dirigem e como lá chegar, e esta intensidade de determinação aparece em seus rostos. Têm porte. Atraem os outros para si como um ímã gigantesco. Todos se reúnem em torno de uma personalidade brilhante.

Quando você chegar a conheder seu eu verdadeiro, como você sente realmente e o que realmente deseja da vida, poderá desenvolver esta mesma intensidade de determinação, esta decisão de ir, avançar, avançar! Uma vez conseguida, esta determinação aparecerá nos seus olhos, nas suas palavras, em suas ações.

Você ouviu alguém dizer que uma determinada pessoa tem um olhar penetrante, que fita diretamente as pessoas. Que é isso? Nada mais que fogo interior — intensidade ou como você desejar chamar — que significa que a pessoa que tem esse olhar geralmente alcança o que quer. Ela força, domina, atrai.

Lembre-se, os olhos são as janelas da alma. Olhe para as fotografias dos homens bem sucedidos. Observe-lhes os olhos e você descobrirá que cada um deles tem essa intensidade. Portanto, digo eu, faça com que se reflita na maneira como você anda, na maneira como se porta: logo as pessoas começarão a sentir a sua presença quando você passa no meio de uma multidão, notarão você e vão querer conhecê-lo e ouvi-lo.

ACORDE! MANTENHA-SE A PAR DO QUE SE PASSA! DESPERTE SEU INTERESSE PELAS PESSOAS E PELOS ACONTECIMENTOS!

Você pode expandir sua personalidade mantendo-se a par do que acontece em sua comunidade, seu estado, seu país e nos assuntos mundiais. Mantenha-se informado. Averigue tudo que seja interessante sobre as pessoas que fica conhecendo e vai conhecer — todos têm muito mais em comum para conversar. Você nunca sabe sobre o que um novo amigo ou cliente (se é vendedor) pode estar interessado, e às vezes é necessário captar sua atenção ou a "sua grande oportunidade", por meio de assuntos completamente irrelevantes. Você não pode principiar sempre uma conversa sobre o tempo ou suas dores e males. Leia os jornais, os periódicos atuais, ouça os comentaristas importantes das notícias de rádio e televisão. Use os olhos e os ouvidos. Esteja seguro de que é moderno. Não quero dizer que se leia cada pormenor de um assassinato ou de um suicídio, mas forme um resumo das atividades diárias, no país e no estrangeiro. Isso ampliará sua perspectiva.

NUNCA ESQUEÇA — O CONHECIMENTO É PODER!
PODE PARECER VELHO LUGAR-COMUM,
MAS, IRMÃO, É VERDADE!

Quem quer prestar atenção a uma pessoa desinformada, ignorante, egocêntrica?

Aumente seu conhecimento, e o objetivo de suas atividades, e interesses ficará bem ampliado, assim como ficará o desejo de coisas maiores, mais importantes. A medida que seu desejo se expande, as coisas que antes você pensava querer vão parecer-lhe triviais e você as menosprezará, o que é outra maneira de dizer que você por fim vai sonhar muito alto — e, quando assim fizer, vai mover-se com a rapidez de um relâmpago!

Estude, aprenda e trabalhe. Fomente uma agudeza de observação. Pise no acelerador. Faça mais do que isso: procure a propulsão a jato. Torne-se animado para você mesmo, e você comunicará esta animação ao próximo. Você o animará apenas por estar na presença dele. Um pouco de seu magnetismo, passará para ele, e ele lhe será grato por isso. Você já ouviu dizer: — Eu me divirto com fulano. Ele (ou ela) sempre me levanta o moral!

Ganhe confiança, entusiasmo, liberte um pouco desse fogo interior — "essa coisa qualquer" — que você levantará vibrações ao seu redor. É essa a teoria de toda a vida, velha como o próprio mundo. Os iguais geram seus iguais. Uma risada, traz uma risada; uma boa ação chama uma boa ação; as riquezas trazem riquezas; ame, ame — você começará a partir daí! É contagioso! A antiga lei da atração nunca falha!

Mas não vá imaginar que eu lhe vou dar um osso descomunal e você terá apenas de ficar sentado, pondo-se a conversar sozinho, e pela repetição, conseguir o que quer. Não é tão fácil assim! Você tem de ganhar o osso *da sorte* amparado numa *espinha dorsal*. E não é só isso. O osso *da sorte* e a *espinha dorsal* têm de estar coordenados e sincronizados ao ponto de agirem em perfeita harmonia. Quando estiverem afinados, você encontrará o desenvolvimento da personalidade.

Depois acrescente ação, energia ao seu esquema e tudo se movimentará diante de você.

Acredito que todos nós já admiramos esse tipo intenso de pessoa. Refiro-me àquele cujos ombros estão eretos, cujo peito vai para a frente, cuja cabeça está para cima e cujos olhos estão alerta. Não é difícil identificar em qualquer organização aqueles cujos pés são lentos, cujos ombros se curvam, cujos queixos pendem e cujos olhos são vazios. Errantes, vadios, desanimados.

Você está perto dessa categoria? Se estiver, fuja dela!

> O erro, caro Brutus, não está em nossos astros,
> E sim em nós mesmos, que somos subalternos.

Como você sabe, William Shakespeare escreveu isso, e é evidente em suas obras que ele conhecia e utilizava este poder interior em sua vida. Ele se ergueu muito acima do chavão e conquistou para si uma posição imortal na galeria de celebridades literárias, pela confiança no poder criador interior.

Sim, o erro está em você, se não for *aquilo* que quer ser, e *onde* quer estar.

Se você é tímido, hesitante, rotineiro e submisso, é por sua causa. Não culpe os astros. Não culpe a sociedade. Não culpe o mundo. Culpe a *você mesmo*. Chegou a hora de mudar de marcha. Saia do baixo e mude para o alto. Comece a figurar o que quer realmente ser, e começará a movimentar-se.

Fique avisado de que o pensamento pode agir em *marcha à ré*. Você pode ir para trás devido ao raciocínio errôneo tão depressa quanto pode ir para a frente com o raciocínio certo.

Esta espécie de "raciocínio a marcha à ré" já causou depressões e pode causar depressões novamente. Se a mente do homem é tomada de pânico, se um número suficiente de pessoas fica obcecado pelo medo e pela avareza, se a psicologia da escassez varrer o país, se grande número de pessoas se torna exigente demais ou se move violentamente em determinada direção, os mercados de valores podem transformar-se e a economia do mundo pode ser afetada.

Sabe, quando você está deprimido tende a deprimir os que o rodeiam. Quando o barômetro baixa é sinal de tempestade. Uma boca de lábios caídos leva a muitas bocas de lábios caídos. Não carregue por toda a parte seus reveses e aborrecimentos. Ninguem quer compartilhá-los. As pessoas têm os seus reveses e aborrecimentos suficientes.

Está disposto a empreender o esforço de chegar mais alto do que nunca foi até aqui? Se está, vai aumentar consideravelmente seu *magnetismo pessoal*. Lembre-se que houve tempo em que as celebridades de ontem e de hoje eram *desconhecidos* totais. Quem é você para dizer que não pode ser um grande cantor, ator, regente de orquestra, compositor, engenheiro, cientista, médico, empresário, grande vendedor, astronauta — o que desejar — se *trabalhar* e desenvolver a personalidade, e a habilidade, para chegar lá!

PENSAMENTOS PARA INCORPORAR EM SUA VIDA

Meu trunfo mais valioso, no que concerne a minhas relações com os outros é minha personalidade e a maneira pela qual dou a expressão a ela.

Devo fazer o melhor emprego do corpo e da mente com que vim a este mundo.

Um estudo das vidas dos homens e mulheres vitoriosos me dará a chave para os caminhos pelos quais poderei melhorar minha aparência e expressar minha personalidade com maior dinamismo.

Reconheço que o erro está em grande parte mim mesmo se não sou, ainda, o que quero ser ou se não estou onde quero estar.

Os infortúnios que tenho sofrido ou posso vir a sofrer podem desenvolver em mim uma força maior de caráter e de sedução da personalidade se os enfrentar da maneira construtiva para encontrar neles um valor positivo.

Estou decidido a envidar todos os esforços, a cada dia, para aumentar meu magnetismo pessoal.

14

O Poder de Influenciar as Pessoas

Ser capaz de se manter na mesma posição que as outras pessoas, pessoalmente, socialmente ou no terreno dos negócios, é um desejo humano natural.

Você não gosta especialmente de ser posto de lado, de ser pisado, de ser feito capacho, e de um modo geral esmagado por pessoas insensíveis que só pensam em si mesmas e que gostariam de usá-lo como capacho, se você deixasse!

É por isso que, quando você vê séries e álbuns de discos com a propaganda de "Como Fazer os Outros Fazerem O que Você Quer — Através do Hipnotismo (ou Sugestão)," você manda rapidamente seu cheque pelo correio! Ou, quando recebe uma circular, fazendo propaganda de um livro com o título: *Os Homens* e *as Mulheres Têm de Cumprir a Sua Ordem — Aprenda a Identificar Suas Fraquezas Ocultas e Transforme-as Em Seu Proveito*, você diz: — Isso é para *mim!* Gostaria de poder dizer a Fulano para onde ir e o que fazer, para variar!

É naturalmente verdade que todos têm fraquezas. Até Aquiles tinha um calcanhar muito vulnerável. E há ocasiões em que se pode tirar proveito da fraqueza de outra pessoa e vencê-la em alguma coisa. Mas em vez de estudar as fraquezas dos outros e tentar passar-lhes a perna ou superá-los, você ganharia mais tentando descobrir *suas próprias fraquezas* e livrando-se delas, de modo a ficar protegido contra você mesmo!

Esta psicologia de tirar proveito das fraquezas dos outros é uma investida *negativa.* Você só precisa compreender a mente e as emoções, e não só saberá como *você* pensa e sente, como saberá também sentir e julgar as atitudes mentais e emocionais dos *outros*, e guiar-se conformemente nas suas ligações e tratos com eles .

É muito mais sensato procurar o lado bom daqueles com quem você tem contato e dirigir sua atração para esse lado, do que tentar distinguir seus pontos fracos e procurar explorá-los para seu proveito ou lucro.

Não há dúvida sobre o formidável poder da sugestão. Você ouviu durante toda a vida como é fácil fazer uma pessoa adoecer sugerindo-lhe constantemente que ela não parece bem. Se um número suficiente de pessoas combinarem fazer isso, a pessoa comum não poderá resistir. Ficará realmente doente.

Ora, se você encontrasse uma pessoa que fosse grandemente sugestionável, você poderia trabalhar nela e fazê-la executar coisas realmente contra sua vontade. É bem provável que ela mais tarde se indignasse com isso e passasse a odiá-lo. Um vendedor, agindo numa base antiga, e sem se importar com o que o cliente pensa dele — aparecendo para fazer uma venda e partindo — talvez empregasse este tipo de tática de venda. Se fizer isso, vai deixar o terreno bem áspero para o vendedor seguinte. Ele estará semeando a suspeita, a falta de confiança e mal-estar, que com o tempo o atingirá, como o bumerangue que sempre volta para o atirador.

Há uma arte de influenciar pessoas, de levá-las a tomar uma decisão, a compreender seu ponto de vista, a concordar com você num projeto da comunidade, ou num assunto pessoal ou num negócio, ou na compra de alguma coisa que você esteja vendendo ou a aceitá-lo como amigo ou como namorado.

A mais eficaz de todas as aproximações de uma pessoa, em qualquer ocasião, é seu apelo ao seu interesse pessoal. Quando você demonstra um interesse sincero pelas atividades, ambições ou problemas de qualquer homem, mulher ou criança, pode controlar sua atenção assim como seu interesse. Descubra e concentre-se no interesse pessoal principal de qualquer pessoa, que você terá uma influência crescente sobre ele ou ela. Uma vez que "os iguais sempre se atraem", lembre-se: uma sincera demonstração de interesse por alguém, expressa em palavras ou fatos, provoca um interesse por *você.*

No comércio leal, e nas relações humanas leais, alguma coisa de valor igual deve ser trocada entre vendedor e comprador. Cada um deve sentir que está lucrando com a transação. É simples e fundamental. Para ter um amigo, você tem de ser amigo. Para efetuar uma venda, você tem de inspirar boa impressão e confiança.

O *poder de influenciar* as *pessoas* é um poder que pode ser mal empregado e malbaratado. Jamais deve tentar vender uma coisa em que não acredita sinceramente. Poderá conseguir apelando para o encanto de sua personalidade, estimulando uma aparência de entusiasmo, por uma tática de compulsão e por demonstrações e promessas enganosas ou exageradas. Mas se você é consciencioso e conserva algum sincero sentimento de ética, vai odiar-se intimamente, enquanto embolsa o dinheiro!

Alguns vendedores que conheci justificavam sua técnica de venda dizendo: "Se eu não vendesse a esses trouxas, outro teria vendido, da mesma forma. Para falar verdade, esse é o sistema que meu competidor está usando e se eu não fizer como ele, não conseguirei minha parte no negócio."

Esta maneira de vender deixa muitas vezes no seu rastro uma leva de compradores desiludidos e descontentes. É também o caminho para as úlceras e outras moléstias físicas contraídas por vendedores mental e emocionalmente perturbados. Eles precisam de preparação constante em forma de "sessões de animação" e conversações de incentivo, para despachá-los todos os dias para a "linha de fogo". Ocasionalmente, aqueles que não estão suficientemente calejados ou "condicionados" acham impossível continuar com métodos de "venda forçada" de serviços e produtos que sabem não possuir as qualidades que apregoam; principiam a sentir uma reação violenta no estômago e no plexo solar, assim como sensações de congestionamento nos centros nervosos da nuca.

Também não podem manter esta atividade de alta pressão diária sem causarem mudanças na personalidade, sendo que a mais prejudicial de todas será uma perda gradativa de respeito próprio, de honestidade e de sinceridade. Depois de algum tempo, continuando a fazer demonstrações e afirmações mentirosas para manter os objetivos de venda pré-determinados, não estarão acreditando nem em si mesmos! No momento oportuno, principiarão a irradiar inconscientemente uma "atmosfera de embuste", e embora suas personalidades possam ser expansivas bastante para continuar atraindo novos clientes, aquilo em que se *transformaram* será percebido pelas pessoas: perspicazes que não aceitarão mais o que eles dizem como verdadeiro ou digno de confiança.

— Eu gostava de Fulano — disse-me um amigo, referindo-se a um homem que ambos conhecíamos. — Houve tempo em que ele podia vender-me qualquer coisa. Agora, procuro esquivar-me quando ele se aproxima porque sei que vai trabalhar em cima de mim, apelando para todos os termos emocionais e vindo com a velha conversa fiada de vendedor, que ele não sente realmente e em que ele mesmo não acredita!

Concordei em que esse homem tinha perdido muito do seu encanto antigo e a confiança que outrora havia inspirado. Depois meu amigo continuou: — Gostaria que ele voltasse a ser aquele sujeito simples e sincero e aderisse a uma organização de vendas respeitável — mas ele diz que não há dinheiro suficiente nesses artigos padronizados e que pode ganhar muito mais com o material que vende. Na minha opinião, ele é um bom vendedor que está, entretanto, no mau caminho!

A característica da venda é vender-se a si mesmo em primeiro lugar, fazendo questão de criar a fé e a confiança do cliente. Isto não pode ser feito se você não possuir caráter e integridade. Quando digo "não pode ser feito", quero dizer que não pode ser feito *corretamente* e *com êxito*. Todavia, um vendedor esperto, que conhece a psicologia de vender, como usar o poder da sugestão e como explorar o interesse próprio das pessoas, ainda pode levá-las a comprar a Ponte de Brooklin ou um jogo de dentes postiços para um gato doméstico desdentado. Mas ele é obrigado a manter o movimento. Não ousa voltar ao mesmo terreno. Sua influência hipnotizadora sobre aqueles a quem vendeu tem sempre vida curta.

NÓS JÁ FOMOS TODOS "APANHADOS"

Você, eu, todos temos uma área de vulnerabilidade. Não importa o que conheçamos sobre a psicologia humana ou a que ponto julguemos estar preparados contra a manipulação mental de homens e mulheres astutos que "acumulam riquezas" à nossa custa, temos constantemente de estar de sobreaviso para não "sermos apanhados".

Eu era bem informado, mas há alguns anos consenti que um homem mais jovem, encantador e persuasivo, me vendesse uma mercadoria que me custou caro em tempo e dinheiro e contribuiu para uma enfermidade.

Como fez isso? Apelando para meu *interesse próprio*. Eu sonhara durante anos que um dia faria parte de uma fundação destinada à pesquisa no campo da percepção extra-sensorial. Tinha esperado ser útil fornecendo grandes somas de dinheiro para tornar possível o emprego de cientistas de renome e facilidades de laboratórios, assim como "sensitivos" (homens e mulheres com poderes de telepatia e outros poderes extra-sensoriais comprovados) de destaque para que o conhecimento destas misteriosas faculdades mentais superiores pudesse ser amplamente intensificado durante minha vida.

Este jovem, a quem chamaremos sr. "X", tinha tido grande êxito na Califórnia, no setor imobiliário. Era cotado como valendo de seis a sete milhões de doláres, segundo a Dun & Bradstreet. Tinha acabado de construir trinta lindas residências, a serem vendidas de cinqüenta a cem mil dólares cada uma, no alto de uma elevação que dominava o oceano Pacífico.

— Sempre me interessei pelo ESP — disse ele — desde que comecei a assistir a suas conferências e a ler seus livros, há alguns anos. Ele me abriu os olhos para as possibilidades do desenvolvimento mental, e agora que estou com dinheiro, gostaria de pôr à disposição um milhão de dólares para pesquisas. O senhor acha que poderia arregimentar alguns dos cientistas mais importantes e as pessoas deste campo de ESP e interessá-los na criação de uma fundação que seria de alcance internacional, que ombreasse com a pesquisa respeitável realizada pelos cientistas em diversas partes do mundo?

O sr. "X" estava dizendo exatamente o que eu vinha desejando ouvir alguém, que tivesse meios de sustentá-lo, dizer. Prometi ver o que poderia fazer, e tivemos longas discussões que pareciam ser entusiásticas a propósito da montagem de tal fundação. Evidentemente, eu estava entusiasmado, porque o sr. "X" estava demonstrando interesse em financiar álbuns de gravações que eu tinha preparado (baseadas em diversos livros meus de ajuda própria) e em criar métodos de distribuição, e assim por diante. Nos momentos de reflexão, parecia quase "bom demais para ser verdade", mas eu não recorri à minha "intuição" para que me guiasse, me desse a percepção da possível legitimidade de toda a proposta. Rememorando isto, acho que eu apenas queria que fosse verdade pois sonhara durante tanto tempo com um projeto assim. Não queria que o sonho se dissipasse. E, assim, pus este sr. "X" em contato com pessoas importantes; algumas delas foram solicitadas para consultas. Ele ficou conhecendo influentes amigos meus na área californiana. Todos eles tiveram impressão favorável, o que naturalmente fortaleceu minha confiança.

Como os planos progrediam, o sr. "X" ofereceu reservar, para serem ocupadas pelos eminentes cientistas, cinco de suas mais belas e recentemente terminadas casas que dominavam uma vista magnífica da vastidão do Pacífico e das regiões montanhosas circunvizinhas.

Uma destas casas é para o senhor e sua senhora — disse ele, quando as mostrou para nós. — Vou ficar com uma para minha mulher e minha família. Uma se destinará como residência para os cientistas que vierem visitar a fundação de diversas partes do mundo. As outras são para os cientistas que concordarem em se juntar a nós e que tomarão parte no trabalho da fundação.

Como poderia outra combinação qualquer ser mais ideal, na superfície? A sra. Sherman e eu protestamos que não estávamos acostumados a esse tipo de vida luxuosa, que tínhamos morado em apartamento a maior parte de nossas vidas, em Nova York, Chicago e Los Angeles, que viajávamos muito em conferências, e que nossa casa fixa fora montada e permaneceria sempre em Ozarks, em Arkansas.

— Está muito certo — disse o sr. "X". — O senhor poderá voltar a sua casa de Arkansas alguns meses por ano, mas terá sempre esta casa para quando voltar como diretor executivo desta fundação. Acho imperativo que esta fundação, se tiver de ser representada pelas pessoas eminentes no campo extra-sensorial, deva ter boa aparência, para impressionar devidamente o público.

Como eu não sou, nem nunca serei negociante, porque discutiria tais argumentos? Pareciam aceitáveis para todos os interessados, e o sr. "X" declarou que mandara seus advogados traçarem planos para incorporar a fundação. Depois levou-nos de automóvel a uma localidade, que também tinha vista para o oceano, que propôs como local para os edifícios e laboratórios da fundação.

— Possuo estes duzentos acres — disse ele — e não ficam longe das grandes instalações militares secretas. Isto vai tornar-se um "Centro de Pensamento" para os cientistas e engenheiros mais importantes do país, e teremos acesso aos serviços de muitos deles porque já estou em contato com o Governo e os chefes militares de alguns dos projetos de construção.

Aproximação do "início"!

Veio o dia em que os escritórios foram instalados num edifício de escritórios novo perto do litoral, e a sra. Sherman e eu saímos do nosso apartamento de Hollywood para um apartamento na mesma zona a fim de sermos poupados da longa viagem diária entre a casa e o escritório. O "novo lar" ainda não estava pronto para ser habitado embora tivessem colocado uma tabuleta de "Vendido" nos gramados das cinco casas que deveriam ser reservadas para a fundação.

— Estamos com uma pequena dificuldade no município a respeito de estradas e instalações, que nos está impedindo, provisoriamente, de abrir estas propriedades e casas para a venda — explicou o sr; "X".

Parte do espaço de escritórios foi reservada para o sr. "X" e suas operações imobiliárias. Disse-nos que isso lhe permitiria dividir o tempo entre seus outros empreendimentos e o trabalho que a fundação ESP ia desenvolver, assim como dedicar atenção à promoção de meus álbuns de gravações.

Houve muitas idas e vindas de pessoas evidentemente não ligadas aos meus projetes, e o sr. "X" foi visto cada vez menos. Uma vez que eu deveria consultá-lo antes de entrar em ação, eu tinha pouco ou nada para fazer e então, finalmente, comecei a estranhar. A sra. Sherman e eu nos tínhamos disposto a mudar drasticamente nossa maneira de viver, e eu tinha renunciado a vários encargos lucrativos para ajudar no estabelecimento da fundação a fim de que alguns cientistas pudessem assumir as pesquisas. O sr. "X" me havia oferecido, um salário para começar, dizendo que, quando chegasse a ocasião de ele contribuir com o milhão de dólares para a fundação, esta assumiria a responsabilidade do pagamento pelos serviços dos que estivessem trabalhando. Mas dali a duas semanas o salário inicial foi cortado pela metade, e o sr. "X" anunciou que levaria mais tempo que previra para liquidar alguns de seus títulos e fazer com que a fundação fosse posta em funcionamento legal e oficialmente.

O dia da decepção

Um dia um homem apresentou-se a mim, identificando-se como um dos sócios dos negócios imobiliários do sr. "X". Dizia que achava que havia algumas coisas que eu precisava saber.

Número Um: O sr. "X" estava em dificuldades financeiras. Estivera pressionado nos últimos noventa dias pelas firmas de empréstimos que tinham financiado suas operações construtoras. Ele as havia impedido de cercá-lo dizendo-lhes que estava em véspera de montar uma grande fundação ESP com nomes de destaque, e que o dinheiro que seria subscrito para esta fundação seria aplicado nesse projeto imobiliário, capacitando-o a lançar uma promoção que viria pôr todos financeiramente a salvo.

Número Dois: Uma das pessoas ricas a quem eu tinha apresentado o sr. "X", e com quem este último tinha contado para complementar o milhão de dólares do ativo que ele. "X", ia pôr na fundação, tinha recusado continuar enquanto o sr. "X" não pusesse primeiro o seu dinheiro.

Número Três: O sr. "X" estáva tão comprometido que no momento não poderia levantar dinheiro nenhum: todo seu tempo e todos seus esforços deveriam ser dedicados a sair da posição de inferioridade, uma vez que não poderia deter mais as companhias de empréstimos e outros credores.

Evidentemente, essas eram notícias que eu não queria ouvir. Ninguém gosta de ver aniquilado um sonho em que pôs todas as suas esperanças e aspirações, e, se permitirem, o próprio sangue.

Quando enfrentei o sr. "X", ele encerrou o assunto com um gesto. Era verdade que infelizmente no momento não poderia continuar com o projeto da fundação nem com a promoção de meus discos. Mas ficava contente por ter podido ao menos fazer-me principiar, e que teria prazer que eu continuasse naqueles escritórios, assumindo o aluguel e outras despesas, se eu pudesse conseguir o financiamento. Ele ajudaria mais tarde, logo que conseguisse endireitar algumas coisas.

Esta foi a última vez que vi o sr. "X", pessoalmente, a não ser a distância. Entrava e saía dos escritórios, passando por mim como se eu não existisse. Não havia nada de hostil; apenas eu fora dispensado; qualquer utilidade que eu pudesse ter tido para ele tinha cessado. Empacotei meus pertences pessoais e despedi-me do belo e novo escritório e da sede da fundação que não ia haver. Eu naturalmente estava sumamente embaraçado por ter posto pessoas importantes nessa situação junto comigo, mas profundamente agradecido porque nem elas nem eu tínhamos chegado ao ponto em que qualquer de nós poderia ter ficado gravemente lesado. Ficou-me por algum tempo uma sensação irremediável e profundamente dolorida que se materializou prontamente num *agudo ataque de ciática*. Terei mais para contar sobre esta fase da experiência no capítulo sobre a "Cura".

Juntar os pedaços, abandonar o terreno, voltar a um apartamento perto de nosso endereço antigo e retomar as atividades no meu campo de escritor e conferencista não foi um ajuste fácil, mas foi realizado.

O CULPAOO SOU EU MESMO

Por que revelei a você, pormenorizadamente, a mais decepcionante de todas as experiências de minha vida? Porque muitos de vocês têm sido "apanhados" em diversas propostas desta natureza. Meus arquivos contêm grande número de cartas com os relatos de maridos e mulheres que investiram confiantes suas economias em "planos de fique-rico-logo" ou "projetos humanitários" que iam "fazer muito bem à humanidade" mas que só contribuíram para a riqueza daqueles que os espoliaram.

Não há dúvida de que você já foi enganado pelo menos uma vez na vida. Você se permitiu ser "influenciado" por um "trapaceiro" que dizia exatamente as palavras que você queria ouvir, fazia exatamente as exposições certas e lhe "dourava a pílula" da maneira certa para impressioná-lo e envolvê-lo de maneira desastrosa.

Foram muitos os que me perguntaram como recuperar o dinheiro de tais especuladores. Alguns foram até a processos na Justiça. Outros tentaram todos os modos de apelos e ameaças. Todavia, na maioria dos casos, seu dinheiro não é recuperado e seria melhor para eles livrarem a mente da preocupação com o prejuízo e decidir que evitarão sucumbir a qualquer dessas *influências* no futuro.

Quanto a mim, há *muito* que me recusei a conservar ódio e indignação contra seja quem for que de qualquer maneira me causou mal. Posso dizer sinceramente que não guardo rancor contra o sr. "X". Eu até me surpreendo às vezes imaginando se, à parte o aperto financeiro em que se via, ele não acreditava honestamente que poderia levar a cabo esse "plano grandioso", dessa maneira "matando dois coelhos com uma só cajadada", ajudando a si mesmo e me ajudando a montar essa fundação, que; uma vez completa, poderia ter sido um belo empreendimento. Isto naturalmente lhe dá a vantagem da dúvida e pode ser uma consideração bondosa demais. É estranho que grande parte das pessoas que se empenham na promoção de planos originais possuem personalidades francamente sedutoras. Senão são sinceras, hipnotizam a si mesmas na crença de que têm um objetivo bom por trás de suas maquinações. São peritos em perceber o que se quer e em pôr esse *quer* em palavras, com uma tal aparência de sinceridade e convicção que seria preciso o exercício da *percepção extra-sensorial* para descobrir suas *verdadeiras* motivações!

Portanto — agora prometa a você mesmo que será prudente quando alguém se aproximar de você com uma proposta que parece "boa demais para ser verdadeira". Se você se deixar dominar pela "influência" dos poderes de persuasão de qualquer pessoa, sua mente será tão sensível à sugestão que poderá capitular.

No meu caso, eu havia consultado amigos em cujo julgamento confiava, e eles também tinham sido logrados. Mas, basicamente, eu me censuro. Deixei-me levar pelo meu interesse próprio". E que foi que esta experiência me ensinou? Que raramente, senão jamais, se deve pôr os nossos ovos no cesto de outra pessoa, porque todos os nossos ovos poderão quebrar-se.

Hoje, sou presidente e diretor executivo de minha fundação — com o nome de ESP Research Associates Foundation, com escritórios no 1750 Tower Building, Little Rock, Arkansas. Embora não seja dotada, de um endosso de um milhão de dólares, está livre de qualquer dificuldade e acredito que com o tempo estará capacitada a penetrar no campo da pesquisa de uma maneira que permitirá que se realize o meu sonho permanente. A experiência na Califórnia ensinou-me como *não* tornar realidade o meu sonho, prova mais uma vez de que se pode tirar proveito das experiências passadas, seja qual for o preço, se não se perde a fé em si mesmo e no seu próximo.

O USO DA SUGESTÃO PARA INFLUENCIAR PESSOAS

A sugestão é uma das forças mais poderosas do mundo. Tem um poder igual nas duas direções — positiva e negativa — dependendo da direção que você lhe der.

Aqueles que são vendedores ou que têm negócio próprio podem comprovar o poder da sugestão. Quando os outros lhe disserem que o negócio é mau, que as coisas estão difíceis, estão caminhando para o desastre e assim por diante; se você aceitar seus pensamentos negativos e os adotar, seu negócio *caminhará* para o desastre. Não tenha dúvida sobre isso. Depois, falando com os outros, com o queixo caído no peito, arrastando os pés numa atitude de carpideira profissional, transmitindo seus sentimentos pessimistas, eles ficam contaminados, e as coisas continuam a piorar, para você e para eles.

Você está construindo o pensamento, na verdade pensamento de *medo,* vibrações, que são de longo alcance. Os pensamentos de medo são tremendamente contagiosos e espalham-se como um rastilho de pólvora. Por outro lado, quando você se recusa a ser influenciado por profecias temerosas e por lamentações dos outros e persiste na visualização do progresso de seu negócio, de suas vendas, de seus lucros, sem receios, seu negócio, suas vendas e seus lucros aumentarão automaticamente!

Você deve lembrar-se sempre de que o fogo intenso do entusiasmo verdadeiro que vem de dentro se torna um incêndio que atingirá todos os que estiverem no seu comprimento de onda enquanto você o irradiar. As vibrações que você estabelece com os seus poderosos raios de entusiasmo inspiram os outros, elevam-nos até você, constroem e atraem os negócios — do mesmo modo que as vibrações do medo encetam espirais descendentes e conduzem à depressão e ao fracasso.

Quando você precisa "armar", pode utilizar a sugestão sobre você mesmo, com excelente vantagem. Agora que você conhece a potência do pensamento toda a vez que se apanhar recebendo atitudes mentais negativas sobre qualquer coisa que esteja fazendo, ou concernente a seu futuro — *pare tudo!* Reconheça imediatamente o mal que está fazendo a você mesmo permitindo que tais pensamentos permaneçam em sua consciência. Substitua imediatamente estas imagens mentais errôneas por sugestões visuais fortes acertadas. *Veja-se* superando qualquer dificuldade que enfrente, fazendo um negócio melhor, conseguindo resultado melhor amanhã.

Lembre-se, torno a repetir: o poder criador interior só pode trabalhar com o que você lhe der! Um construtor tem de trabalhar a partir de uma planta. Se houver imperfeições na planta, e ele as desconhecer, essas imperfeições aparecerão quando a construção estivei pronta. A menos que você descubra seu raciocínio errôneo, as sugestões errôneas que dá a você mesmo a cada dia — atrairão para você o que estiver visualizando. Transmita essas sugestões a seus amigos e sócios e, se eles as aceitarem, ajudarão você a produzir as próprias condições que tiver imaginado!

O PODER SUGESTIVO DO HIPNOTISMO

As experiências com o hipnotismo têm demonstrado de muitas maneiras o poder da sugestão. Uma vez removida a resistência do subconsciente, de maneira a que a mente subconsciente possa ser diretamente atingida, esta última corresponderá imediatamente a qualquer sugestão que lhe seja dada, se o que for sugerido estiver dentro dos padrões morais do indivíduo. Quando se fazem sugestões que repugnem ao caráter fundamental da pessoa, ela ou recusa corresponder ou escapa da magia hipnótica. Seria preciso uma série de sugestões traçadas para alterar os atuais conceitos morais antes que o indivíduo esteja disposto a praticar qualquer ação contra sua norma rígida de comportamento. Isto indica claramente que não se mudam os atos enquanto não se mudar a mente; o que chegamos a ser pela experiência e pensamentos passados continuamos a ser, até que uma coisa qualquer ocasione uma mudança em nosso pensamento.

VOCÊ PODE SER INFLUENCIADO ENQUANTO DORME

Os psicólogos e psiquiatras estão achando que muitas pessoas podem ser ajudadas a vencer diversos defeitos e hábitos pessoais, inibições e inferioridades se se fizerem sugestões à sua cabeceira enquanto dormem. A mente subconsciente nunca dorme. Está sempre informada do que está acontecendo, dentro e fora de você. Entretanto, muitas vezes quando você está mental e emocionalmente perturbado e deseja controlar sua mente e seus sentimentos, acha quase impossível conseguir isso durante as horas em que está acordado. Se uma pessoa amada, com a qual você tem um laço de afinidade e compreensão, pudesse sugerir, delicada mas positivamente, depois de você adormecer, que, você vencerá suas dificuldades, estes pensamentos poderiam fixar-se em sua consciência e ajudá-lo a desenvolver uma atitude mais positiva. Isto só deveria ser feito durante a "fase crepuscular do sono". As sugestões no sono profundo são *raramente eficazes.*

Toda a vida é na realidade uma sugestão. Você está constantemente aceitando e rejeitando cada experiência que lhe chega. Se você a aceita, sua mente está agindo sobre ela, para o bem ou para o mal, dependendo da natureza e do caráter da experiência.

QUE ESTAMOS FAZENO PARA A MENTE INFANTIL?

Falando em influenciar pessoas, que estamos fazendo para a mente de nossos filhos? Não estaremos nós, como pais e mais velhos, constantemente bombardeando os jovens com sugestões destruidoras:

"Não saia vestido desse jeito — você vai apanhar um resfriado mortal!"

"Cuidado — você vai ser atropelado!"

"Não mexa nisso — vai quebrá-lo!"

"Eu sabia que você ia fazer isso! Não pode prestar atenção no que faz?"

"Não fique fora até tarde — pode acontecer uma coisa qualquer a você!"

"Não entre na água — você pode se afogar!"

"Você não sabe fazer isso — é melhor eu fazer para você!"

"Pelo amor de Deus, fique quieto! Você não sabe nada!"

"Não é claro que não — não confio em você!"

"Se você não parar com isso, eu chamo o guarda e mando prender você!"

"Você não devia fazer perguntas como essa — ainda não está grande para saber as respostas!"

"Então você fez isso outra vez! Eu estava esperando!"

"Saia daqui, você me irrita! Não sei por que você nasceu!"

"Oh, seu pirralho! Fico com tanta raiva que sou capaz de matá-lo!"

Você já ouviu estas deliciosas sugestões e muitas, muitas mais. O que admira é que as crianças, submetidas a esta espécie de raciocínio altamente emocional e errôneo, saiam tão boas!

Não há dúvida de que muitos pais são levados à perturbação e mais longe ainda pelas travessuras de seus rebentos, e se sentem levados a usar quase que a pancadaria para fazerem os filhos obedecerem, mas é insensato recorrer a sugestões ameaçadoras e destruidoras como medidas de correção. Quando uma criança é repreendida desta maneira, principalmente se estiver agitada, estes quadros errôneos de acidentes, mau procedimento e você dando ênfase a seus erros, apossam-se de sua consciência, levando-o a desenvolver uma suscetibilidade maior para com as próprias coisas que voce quer que ela evite ou suprima.

De qualquer maneira, a criança feia ou desajeitada ou tímida começa com dificuldades naturais, e se os pais ou os mais velhos lembram constantemente à criança (repetição, reiteração) que é feia ou desajeitada, ela tende a se tornar ainda mais assim. Essas são as verdadeiras crianças que têm necessidade de melhores sugestões, positivas. Agora alguns professores estão reconhecendo esta necessidade e dizem particularmente a crianças sem beleza ou tímidas, quando acham oportunidade: — Você está ficando cada dia mais bonita! Está cada vez melhor! — Como pequenas plantas carentes de alimento, estas crianças correspondem e desabrocham notavelmente em pouco tempo. Experimente este método; reforce-o com a expressão do *amor* — e veja os milagres acontecerem!

O que você faz e o que você diz, como você exprime sua personalidade na presença dos outros, vai tendo efeito sugestivo sobre eles, e como eu disse, eles, por sua vez, vão tendo efeito sugestivo sobre você.

Se os outros o criticarem ou não acreditarem que você seja capaz de fazer o que quer fazer, não aceite suas sugestões! Analise-se para determinar se sua crítica é ou não justificada; se for, elimine qualquer rancor que possa sentir devido a esta crítica, agradeça por esses defeitos serem apontados à sua atenção e empenhe-se em eliminá-los para não mais entravarem sua marcha para o alto. Porém, mantenha a crença em você mesmo. Se a perder, perderá tudo! Todo êxito, grande ou pequeno, principia com a fé em si próprio e fé no poder criador interior. Você tem de tê-lo, tem de conservá-lo, para ir de onde está para onde quer estar!

INFLUENCIAR A SI MESMO PARA GANHAR DINHEIRO

Talvez um de seus maiores problemas na vida seja ganhar dinheiro. Se for, deve aprender a utilizar o poder de seu TNT para conseguir dinheiro.

Algumas pessoas estão tão acostumadas a estar sem dinheiro que não podem imaginar qualquer outra coisa. São como o pobre arruinado a quem perguntaram: — Sam, se você tivesse cinco dólares no bolso, que faria? Imediatamente veio a resposta pesarosa: — Eu me perguntaria de *quem* seriam as calças que estivesse vestindo!

Você caiu na rotina mental de se *imaginar* com uma conta de banco vazia e uma carteira vazia? Se já caiu, esteve se criando ao lado da pobreza em vez da prosperidade.

Se você continuar a dizer a si próprio que não vale muita coisa, que nunca valerá nada, que não sabe de onde virá seu próximo dólar, está na realidade dizendo a seu poder criador interior — seu TNT — que ele nada pode fazer para ajudá-lo, que você está quase no asilo de indigentes e que não tem saída!

É isto que você quer? Claro que não! Mas conseguirá coisa parecida se *continuar imaginando isso!*

Assim também, Deus não vai chegar para ajudá-lo, porque Deus lhe deu um *ilimitado* poder interior ao qual recorrer na hora da necessidade — o divino poder de atrair todas as oportunidades e recursos necessários, SE você quiser dirigir este poder — ordenar-lhe que faça o que está mandando — dando-lhe as imagens mentais certas do que você deseja.

Tenho de repetir, repetir e repetir este GRANDE fato porque é de importância vital para seu êxito e sua prosperidade!

Você terá a influência sobre as outras pessoas se exercer a influência certa sobre você mesmo. Dê a você mesmo estas sugestões todas as noites, durante um momento de silêncio, antes de se recolher:

"Vou progredir a cada dia e com o tempo eliminarei os erros que descobrir em mim. Todos os dias conseguirei maior domínio de minha mente e de minhas emoções. Todos os dias suplantarei mais temores e angústias e outros pensamentos destruidores. A cada dia adquirirei mais saúde, felicidade e prosperidade. Todos os dias encantrarei melhores oportunidades de servir aos outros e de fazer coisas úteis. Todos os dias farei a impressão certa nos outros a fim de que eles queiram agir para mim e comigo. *Todos os dias. . .*"

Comece desde já. Crie seus dias de amanhã por suas sugestões positivas aplicadas em você mesmo e em suas necessidades.

PENSAMENTOS PARA INCORPORAR EM SUA VIDA

O poder de influenciar as pessoas é um poder que pode ser mal empregado e exagerado.

É incorreto procurar influenciar uma pessoa contra sua vontade. Com o tempo, isto sempre levará a uma reação destruidora.

O interesse próprio é o interesse mais poderoso que há — e quando apelo para o interesse próprio de outra pessoa, estou fortemente apto a vender ou a influenciá-lo em meu favor.

A despeito do que tenha sido feito a mim mesmo pelos outros que me influenciaram a me envolver em riscos onerosos de tempo e de dinheiro, recuso-me a guardar ódio ou rancor contra des.

Assumirei minha parte de responsabilidade por qualquer aventura e compromisso, na certeza de que, desligado e desmagnetizado de pessoas impróprias ou indesejáveis, posso prosseguir, com uma mente livre, para coisas melhores.

Terei sempre em mente que o que eu fizer e disser, como me expressarei na presença dos outros, terá efeito sugestivo sobre eles, e que eles, por sua vez, terão efeito sugestivo sobre mim.

Declaro, aqui e agora, que não aceitarei nenhuma sugestão negativa dos outros e que não permitirei que minha mente crie outra coisa senão sugestões positivas aplicadas em mim mesmo.

Todos os dias estarei decidido a eliminar os erros que descobrir em mim — para fazer a impressão certa nos outros a fim de que eles queiram agir para mim e comigo.

Todos os dias procurarei melhores oportunidades para servir aos outros e fazer coisas úteis;

15

O Poder de Se Dar Bem Com os Outros

Há um novo posto ministerial que deveria ser criado em nosso Governo Federal. Para esse fim, este tipo de gabinete deveria ser montado como ramo vital da administração de qualquer nação.

É ele — *a Secretaria das RELAÇÕES HUMANAS!* Este departamento se tornaria imediatamente o mais ativo da nação. Seu objetivo primordial seria auxiliar as pessoas a se darem bem umas com as outras. Esta incapacidade de viver sempre em paz sob o mesmo teto, com os vizinhos, com os parentes, com os colegas de trabalho, com os sócios comerciais, com os membros do clube, com os colegas de colégio, com as pessoas da igreja, com os adversários políticos, com qualquer pessoa, é uma praga para os homens e as mulheres, jovens e velhos, por toda a parte!

A ameaça de uma terceira Guerra Mundial principia com duas pessoas que não se dão bem, multiplicados, por milhões cujos ódios, rancores, temores e desconfianças os estão impedindo de se darem bem com os povos de outros países. Atualmente, a consciência coletiva da humanidade está numa situação altamente emocional e transtornada e está pronta para permanecer assim durante algum tempo. Pouco se pode fazer a respeito, mas pode-se fazer muito no sentido de conseguir e manter a própria paz de espírito, e criar boas relações com as pessoas amadas, com os amigos e com todos que se vier a conhecer.

A INVEJA — CAUSA PRINCIPAL DE RELAÇÕES INSATISFATÓRIAS

A inveja pode ser desastrosa para a felicidade humana. Entretanto, somos todos culpados por ela ocasionalmente.

Muitas vezes é difícil para você ver atribuído a alguém o mérito de alguma coisa que você sente que deveria ser conferido a *você*.

Ou talvez um sócio ou colega de trabalho consiga uma promoção quando você não consegue, provocando sua inveja ou rancor.

Um irmão ou irmã ou algum outro parente pode ser preferido por aqueles que você ama e pode gozar popularidade maior. Isto é motivo quase certo para uma reação de inveja.

Fulano pode ter mais dinheiro, mais vantagens na vida — todas as coisas que você gostaria de ter e não pode conseguir, de modo que você "se queima" cada vez que pensa no que ele ou ela tem, e no que você *não tem*.

Não é justo. Não está certo. A vida é toda errada.

É verdade, concordo em que esta vida é cheia de injustiças, iniqüidades, acontecimentos infelizes. Mas se você e eu quisermos tirar dela alguma porção duradoura de felicidade, teremos de nos adaptar aos acontecimentos cotidianos para que não fiquemos emocionalmente transtornados cada vez que toparmos com uma experiência humana desagradável.

Por que ficar infeliz pelos atos dos outros?

Você pode, se quiser a você mesmo a não "perder as estribeiras" quando os outros o tratarem mal — e até retribuir com bondade à ofensa e ao insulto.

Se outra pessoa tem inveja de você, ela poderá tentar ferir-lhe os sentimentos ou atrapalhá-lo, e o que mais desejaria seria ver que você fica sentido pelo que ela faz ou diz. Se não tiver um domínio emocional, você dará uma grande satisfação a essa pessoa. Mas se tolerar a desfeita propositada, você será mais eficiente na punição de um amigo ou parente invejoso do que se der atenção a seus pensamentos e ações. Uma agressão a um indivíduo invejoso só piorará as coisas e criará entre vocês dois uma lacuna que nunca mais poderá ser preenchida.

A inveja é uma emoção tremenda, perversa, destruidora. Não faz muito tempo, uma mulher deixou cair um bilhete da janela de um apartamento, dizendo que era mantida prisioneira pelo marido — e suplicando que alguém viesse salvá-la. A polícia compareceu ao endereço, encontrou uma bela mulher, fechada num quarto onde era mantida pelo marido ciumento que se irritava com os olhares dos outros homens sobre ela quando saíam juntos. Naturalmente, o marido era emocionalmente desequilibrado mas há milhares de outros homens e mulheres que são levados pelo ciúme a dizer e fazer coisas mesquinhas com seus companheiros.

Algumas mulheres cometem o grande erro de "fazer um jogo romanesco" com os maridos. A intenção é fazê-las perguntar a si mesmos se elas ainda os amam. Isto deveria manter seus companheiros "em sua perseguição", depois que a "caça" é encerrada pelo casamento. Estas mulheres temem que o romance se transforme em banalidade se não forem cortejadas diariamente por seus homens — "cortejadas novamente".

É óbvio que o amor de nenhum homem ou de nenhuma mulher deva ser uma coisa definitiva. As atenções românticas não devem parar com o toque dos sinos da cerimônia religiosa. No entanto, brincar com o afeto de um homem ou de uma mulher, depois do casamento, é dinamite. Esse é o tempo de dar a seu companheiro a segurança cotidiana de seu amor por ele ou por ela — de não deixar lugar para a dúvida, para o ciúme ou para o conflito.

Se você acha que tem inveja de alguém, pergunte a você mesmo: POR QUE? É porque você se sente realmente inferior a essa pessoa, incapaz de ser o que ele ou ela se tornou? Se é assim — ponha de lado a inveja e trate de trabalhar em você mesmo. Você tem uma tarefa de reconstrução para realizar, com respeito a sua personalidade, caráter e capacidade. Quando conseguir isto, terá alcançado o reconhecimento de seus méritos, e terá chegado além da tentação de invejar os outros.

Você pode muito bem ser generoso na sua avaliação dos outros, seja qual for a avaliação que façam de você. Isto não quer dizer que tenha de exagerar ou de ser excessivo no elogio ou apreciação expressos. Às vezes o que você não diz é mais seguro e sensato do que dizer qualquer coisa. Mas a inveja, em qualquer circunstância, não é uma força — é uma fraqueza! Você não pode pensar com clareza e correção enquanto estiver dominado por ela.

A HIPERSENSIBILIDADE PODE CAUSAR DANO

Você é hipersensível? Imagina que não está fazendo nas pessoas a impressão correta, que não disse ou fez a coisa certa? Você costuma reexaminar uma porção de vezes o que disse e fez que perturbaram os mais velhos, e, desde então, teve medo temendo ter ofendido os amigos ou que eles entenderam mal seus atos?

Esse é um mau costume mental, causado geralmente por uma atitude exageradamente escrupulosa. É bem possível que você tenha sido censurado na infância por algumas coisas que disse e fez que perturbaram os mais velhos, e desde então, teve medo de que seu comportamento não fosse satisfatório para os outros.

— Estou sempre imaginando que minhas observações possam ser mal interpretadas pelos amigos — confessou-me um homem de negócios influente. — Surpreendo-me pedindo desculpas por imaginárias desatenções dos outros, e acabo percebendo que meus amigos não sabem por que estou me desculpando. Esta preocupação de que qualquer coisa que eu faça ou diga possa estar errada está me tornando nervoso e afetando minha saúde.

Uma preeminente senhora da sociedade me declarou: — Todos pensam que para mim é fácil aparecer em público e tomar parte em festas. Na verdade é uma tortura porque vivo com medo de fazer papel ridículo. É claro que isso nunca acontece mas para mim é uma provação enfrentar as pessoas e encarregar-me de reuniões. Nunca tenho certeza de como me sai até tudo, terminar. De fato, na ocasião parece-me estar fazendo um trabalho mal feito. Daria qualquer coisa para livrar-me desses sentimento inferiores.

A cura para a hipersensibilidade está em compreender que não há justificativa para seus temores. Você não deixou má impressão nos outros, a despeito de suas preocupações. Seu fracasso esteve apenas em sua mente. Mas a persistência desse tipo de preocupação, se não for contida, pode com o tempo desmoralizá-lo e transtornar seus poderes de expressão ao ponto de você não poder pensar e agir como deveria.

Alguns homens e mulheres têm-se entregado à bebida para lhes dar uma segurança maior, para ocultarem a si mesmos certos erros que possam cometer e para lhes dar "coragem" de falar abertamente e fazer o que querem. A utilização do álcool como um apoio aparentemente ajuda algumas pessoas a enfrentarem outras, mas o seu senso de inferioridade mais cedo ou mais tarde lhes trará problemas. Não se pode eliminar a *hipersensibilidade* com álcool ou qualquer outro defeito grave.

Pense antecipadamente nas pessoas que você esteja propenso a conhecer numa próxima reunião social. Imagine-se entrando em contato com elas de maneira descontraída e segura. Veja-se demonstrando interesse por essas pessoas, indagando sobre suas atividades, falando em assuntos que interessem a elas. Quando você mantém a atenção de sua mente nos outros, não pode preocupar-se com o que os outros estão pensando de você, e dirá e fará com naturalidade a coisa certa quando reagir ao que esteja sendo dito e feito pelos outros.

Só quando você se envergonha de cada movimento que faz diante dos outros, é que fica atormentado por essas preocupações de que não está agindo acertadamente. Esqueça de você mesmo, e será favoravelmente lembrado por aqueles que ficar conhecendo.

OUTRA MANEIRA DE NÃO SE DAR BEM COM OS OUTROS

Você "mata" os amigos e pessoas queridas de bondade? Insiste em fazer coisas para os outros queiram eles ou não que você as faça ou mesmo que *prefiram* fazer essas coisas eles mesmos?

Essa é uma maneira errada de demonstrar seu afeto aos amigos e entes queridos, Há uma alegria em realizar, da qual os outros não devem ser privados.

Você pode divertir-se muito servindo os amigos e entes queridos quando tais serviços não são realmente bem-vindos.

— Deixo que fulana faça coisas por mim porque ela insiste em fazê-las — disse-me uma amiga — mas eu desejaria que ela não *insistisse!* Ela me faz sentir eternamente em obrigação com ela, mas, o que é pior, faz coisas que eu preferia fazer eu mesma!

Essa maneira de "servir os outros" é na verdade uma forma de egoísmo ou "amor sufocante". Você não faz essas coisas tanto para dar felicidade aos outros como por você mesmo.

Algumas mães e alguns pais despejam esta espécie de dedicação em cima dos filhos, procurando participar tanto quanto possível de suas vidas — a ponto de os filhos ficarem quase incapazes de fazer qualquer coisa sozinhos, até mesmo de pensar. Depois esses pais, quando os filhos agem de maneira rebelde ou dão uma escapulida, dizem geralmente: — É assim que você agradece depois de tudo que fiz por você, os sacrifícios que fiz — não têm valor nenhum. Não posso compreender como você foi mudar desse jeito!

Eliminar a autoconfiança de uma pessoa, o incentivo de fazer coisas para si mesmo, pode criar em tal pessoa inferioridades para toda a vida.

Os adultos auto-suficientes se irritarão com sua iniciativa de fazer coisas que eles preferem fazer sozinhos. Eles podem suportar sua "dedicação" algum tempo, mas você estará antes destruindo do que aumentando seu afeto, ficando sempre em volta deles, procurando adivinhar todas as suas necessidades e precipitando-se, sem ser chamado, para "ser útil".

A regra melhor é estar pronto e desejoso de fazer coisas para os que ama, mas ter certeza de que tais serviços são bem recebidos e esperados antes de insistir ou preparar-se a prestá-los.

Orgulhe-se com os feitos dos amigos e parentes, encoraje-os a fazer coisas sozinhos; desta maneira, você não só ajudará a criar indivíduos mais capacitados, como também lhes dará uma verdadeira alegria em suas realizações.

Um garotinho disse de maneira patética, depois de andar alguns metros de bicicleta sem as mãos protetoras dos pais: —*Eu* fiz isso — ou *não* fiz? O rosto brilhava quando ficou convencido de que conseguira, sozinho.

Um dos mais fortes desejos humanos dos jovens ou dos velhos é poder "fazer" coisas. É sinal de perigo quando você quer desistir e deixar que os outros façam para você coisas que você na verdade poderia fazer. Naturalmente, se a saúde ou outros fatores não permitirem, é diferente. Mas não deixe os outros "matarem-no de bondade", e *você* não procure "matá-los".

"Viva e deixe viver" é uma política que lhe trará mais amigos e influenciará as pessoas a amá-lo.

MEDO DO QUE OS OUTROS POSSAM PENSAR

Você tem medo do que os outros possam pensar? Permite que este medo o impeça de fazer e dizer coisas que devem ser ditas e feitas?

Muitos homens e mulheres de boa índole moral estão permitindo que o medo do ridículo, da crítica ou da censura destrua sua utilidade muito maior para a comunidade em que vivem. Têm medo de assumir uma posição em qualquer questão polêmica que possa surgir temendo ofender amigos que possam opor-se a ela.

— Vou ficar fora disto — dirão tais pessoas. — De qualquer maneira, você não precisa do meu voto, nem de minha opinião nem de minha ajuda. Não posso permitir-me opor-me a fulana — ele é um amigo ou freguês muita bom.

Mas se o sr. Fulano não está agindo pelos melhores interesses da comunidade, *deve* ser contrariado, e você não é um bom cidadão se deixar de assumir uma posição pela melhora da comunidade.

O medo do mexeriqueiro tem impedido muitos homens e mulheres de conversar ou unir-se a vizinhos cuja reputação foi empanada por aqueles que não concordaram com seus atos. Temem ser vistos com determinadas pessoas na rua com o receio de que a "brigada da maledicência" comece a "bater com a língua".

Faça a você mesmo uma pergunta quando se defrontar com o mesmo medo do "que os outros possam dizer":

> *Sabendo que todos nós temos nossos defeitos, há realmente algum mal em que eu fale ou me una com fulano, uma vez que eu sei que meu comportamento, independente do que os outros possam pensar, está acima de reprovação?*

Se a resposta que você receber de sua consciência o isentar de qualquer comentário maldoso que possa ser feito, sinta-se livre de pensar e agir como quiser.

De qualquer maneira, quem está governando sua vida — você ou os cidadãos de mente tacanha de sua comunidade?

AS "COISAS" POSSUEM VOCÊ?

Você naturalmente ama seu lar, ou — pelo menos — *deveria*. Alguma coisa está muito errada se você não ama, porém você já refletiu no que faz um lar feliz? A resposta é simples — as *pessoas* que estão nele! Não as *coisas* — as *pessoas!*

Você ouve os companheiros dizerem: — Fulano tem uma casa maravilhosa!.

Tem? Ele pode ter uma bela casa com jardim, uma garagem para dois automóveis, todas as comodidades e dispositivos modernos — e ainda assim a vida em seu lar pode estar longe de ser feliz.

Nós gastamos emoção e sentimento demasiados a respeito de *coisas* e posses que na verdade possuem a NÓS, mais do que nós as possuímos. E porque as *coisas* chegaram a significar para muitos homens e mulheres mais do que eles significam um para o outro, a verdadeira felicidade desapareceu de suas vidas. Em seu lugar está uma espécie sintética de felicidade como a alegria barata que a posse egoísta proporciona.

— Ela vive só para sua casa — disse uma senhora sobre a outra, e ela disse a verdade.

Esta mulher estava vivendo para sua casa mais do que para o marido e para a família. Amava cada peça de mobília antiga que havia nela; mantinha tudo em ordem como numa vitrina ou um conjunto de peças de museu. Você não deve sentar nesta cadeira ou aquela poltrona — eram valiosas demais e seu peso podia quebrá-las. Veja se seus sapatos não estão enlameados antes de pisar nesses tapetes caros. O valor pessoal que ela associava a sua mobília destruía sua utilidade. Era para ser admirada mas usada com um cuidado tão grande que os outros membros da família não achavam felicidade em morar em tal atmosfera, principalmente os filhos que se revoltavam contra as restrições "Não toque nisto e naquilo". Este era um caso extremo, mas há muitos casos menores de insensata e injustificada dedicação a *coisas* — ao ponto de as coisas se porem entre o amor de um homem e sua mulher.

As *coisas* podem ser tanto roupas como uma casa ou uma mobília, e o desejo excessivo de pôr tudo nas costas de um só é uma outra forma de egoísmo que desperta a irritação.

As *coisas* podem também ser um interesse exagerado por um cão, dar mais atenção a ele do que ao companheiro. Ou as *coisas* podem significar um interesse pelas corridas de cavalos ou pelo jogo ou por atividades fora de casa que precisam muito tempo e dinheiro e tendem a destruir a vida familiar do indivíduo.

Você é um adorador das COISAS? É bom ter coisas bonitas se as coisas bonitas não tiverem VOCÊ! O amor do lar e da família põe as coisas, que não possuem felicidade intrínseca e própria, em seu devido lugar.

Sem as PESSOAS num lar e sua dedicação recíproca não há felicidade digna desse nome e nunca haverá.

MOSTRAR INTERESSE E APROVAÇÃO
A MELHOR MANEIRA DE SE DAR BEM COM OS OUTROS

Qual é o elogio mais apreciado que você pode fazer a um amigo ou a um ente querido?

Dar atenção deferente e *dedicada aos interesses, atividades, desejos* e *aspirações daquele homem ou daquela mulher.*

Se você for desatento, indiferente ou desinteressado quanto à presença de um amigo, namorada, mulher ou marido, poderá, com o tempo, perder a deferência e o respeito dessa pessoa por você.

— Ele costumava cumular-me de todas as delicadezas e atenções — disse-me recentemente uma jovem e desiludida senhora casada. — Mas agora ele não me dá valor nenhum. Quando saímos, ele age como se mal percebesse que estou a seu lado — ou se importasse. Tem os olhos para as outras jovens e concentra a atenção nelas, assestando seu encanto, suas qualidades e sua sociabilidade em sua direção. Depois, na hora de voltar para casa, ele se lembra de repente que eu estou por perto e me apanha, dizendo: como *nós* nos divertimos!..

É verdade, há muitos homens e mulheres assim, MAS muitas vezes o cônjuge assim tratado tem parte da culpa. Neste caso, a jovem recém-casada admitiu que não ficava tão entusiasmada com os ditos espirituosos do marido e com seu empenho em ser a vida da festa. Sendo isto verdade, ele naturalmente satisfazia sua necessidade de expressão social nos que lhe davam uma atenção apreciativa — e deixava a mulher de fora. Se ela tivesse mostrado a ele que gostava de suas atenções, que elas significavam tanto para ela quanto tenham significado no tempo do namoro, é provável que ele tivesse tentado ficar de pernas para o ar na sala de visitas — se soubesse que isto agradaria a ela.

Todos nós gostamos de "ser a estrela da vida de alguém", ser o centro das atenções, saber que alguém nos ama e se interessa pelo que nos acontece, como nos sentimos, o que fazemos e pensamos. Se nosso companheiro perde o interesse, quase todos nós procuramos uma companhia compreensiva em outro lugar.

Um homem ou mulher egocêntrico pode levar o companheiro a beber. Ele ou ela pode ao compreender o que esse interesse por si mesmo está fazendo a um cônjuge. Você já conhece o tipo:

— Ah, querido, hoje eu tive um dia completamente infeliz. A máquina de lavar quebrou... e Mary estragou o vestido novo pulando a cerca... e eu tive uma altercação com a senhoria... e...

Tudo acontece para a pessoa que dramatiza esses acontecimentos. O marido talvez tenha tido um dia difícil no escritório e tenta comunicar este fato:

— Isso é duro, meu bem, mas espere para ouvir o que aconteceu *comigo...!*

Ele só consegue chegar aí. Ela não está interessada na *sua* história, e ainda não chegou nem ao meio da *sua*. Cada dia é uma sucessão de episódios infortunados que dizem respeito a ela. Ela não tem tempo nem vontade de saber e solidarizar-se com o que o marido enfrentou. É "eu-eu-eu" sempre até que ele não agüente mais e acaba num bar, despejando a má sorte nalgum homem ou mulher igualmente insatisfeito que, como ele, está à procura de um ouvinte compreensivo.

A atenção, a atenção pessoal, é um anelo profundo da alma humana. Mas não devemos afastar nossos entes amados exigindo atenção completa e não dando nenhuma. Há um tempo para ouvir e um tempo para falar — mas, dos dois, ouvir é o que rende os melhores e mais felizes juros.

Estas são apenas algumas das atitudes mentais e emocionais que impedem as pessoas de se darem bem entre si.

Resume-se, em última análise, na necessidade de desenvolver o domínio de sua mente e de suas emoções. Você terá constantemente de se adaptar às maneiras mutáveis dos amigos e dos entes queridos. Não deixe que as coisas que eles dizem ou fazem, quando se perturbam, transtornem você. Se você reagir na mesma moeda, só agravará a situação. Deixe a situação dissipar-se. Não lhe dê importância em vez de encarecê-la, ou saia até a atmosfera clarear. Não conserve sentimentos hostis ou rancores. Eles crescerão em você até se sentir tentado a perder as estribeiras. Se você se mantiver senhor de si, saberá dominar as condições e as pessoas à sua volta. Viver em harmonia com os outros pode ser conseguido com mais facilidade se primeiro se der bem como você mesmo.

Para viver bem com os outros, devo desenvolver a capacidade de me adaptar às suas diferenças de temperamento, personalidade, atitudes mentais e emocionantes, gostos e ojerizas.

Eu não posso esperar que os outros se adaptem a mim.
Entretanto, decido agora não viver com medo do que os outros possam pensar de mim.

Estou assumindo uma política de "viva e deixe viver".

Não criticarei nem apontarei os defeitos dos outros.

Em vez disso, procurarei o que tiverem de bom e as coisas que estiverem fazendo que eu possa elogiar.

Por mais que goste de meu lar, minhas coisas pessoais, o amor que tenho pelas coisas — não porei estas coisas acima das pessoas, dos meus entes queridos.

Evitarei ser egocêntrico prestando atenção às necessidades, desejos e interesses dos outros.

Lembrar-me-ei sempre de que a melhor maneira de me dar bem com os outros é ser capaz de viver bem *comigo mesmo!*

16

O Poder da Mente na Cura

Há um poder criador na mente que, dirigido adequadamente, pode curar você. Tenho usado este poder para curar diversos distúrbios que se manifestaram em mim devido ao raciocínio errôneo, e você também pode aprender a usá-lo.

Analise-se pormenorizadamente! Se você não possui a intensidade de saúde que deveria ter, o que andou fazendo para ajudar a criar estas condições transtornadas? Na certa andou fazendo alguma coisa para transtornar a química de seu corpo permitindo que certos temores, angústias, ódios ou rancores se multiplicassem dentro de você. Nada acontece por acidente. Há razões por trás até das coisas mais insignificantes que acontecem. É atualmente fato comprovado que seu corpo reflete as atitudes de sua mente, se estas atitudes se tornarem crônicas. Você bem sabe que a angústia e a preocupação podem perturbar sua digestão, provocar palpitações em seu coração, causar escassez de respiração e suores nervosos. Um susto repentino pode fazer tudo isso, *já insisti nisto antes,* portanto não tente dizer-me que o que você pensa e sente não afeta sua saúde.

Então anote este ponto importante: se sua mente tem o poder de angustiá-lo devido ao raciocínio errôneo, é evidente que ela tem o poder de lhe fazer bem, de curá-la, por meio do raciocínio certo!

Não quero afirmar que o poder da vontade, o poder criador é uma panacéia; mas eu *sei* que a atitude mental *certa* ajudará qualquer pessoa de saúde combalida. Isto não quer dizer que se pode enganar a si mesmo com protestos de "Cada dia, de todas as maneiras, estou ficando cada vez melhor", quando se não faz nada para modificar atitudes ou hábitos mentais errôneos ou costumes que tornaram a saúde precária.

Todos nós conhecemos pessoas que falam constantemente em dores nas costas, de cabeça, de estômago ou qualquer outra espécie de dor. Batem na mesma tecla e, quando menos esperam, com essa insistência, as dores se tornam realidade. Se você tem uma dor assim, se resolveu que não é nada sério, apenas uma espécie qualquer de reação ou tensão nervosa, não adianta discutir; "nem adianta discutir suas angústias, suas perturbações. Isso só faz irritá-lo e aos outros. Eles também têm suas perturbações de que querem falar, e são capazes de irritar-se por você superá-los. E quando você não se sente bem, isso lhe bate brutalmente no plexo solar. Você vai perambulando com esse sentimento abjeto, arruinado e quanto mais você insiste em dizer que se sente imprestável, mais certo vai ficando de que deveria ficar ao alcance de um agente-funerário. O pensamento constante de seus males só fará aumentá-los e colá-los em você.

Saia do lado negativo e torne-se um tipo positivo. Pense positivamente, e quando menos esperar, suas dores, angústias e males desaparecerão. Eles não podem continuar vivendo à sua custa, se você se recusar a alimentá-los.

UMA FORMIDÁVEL RECUPERAÇÃO FÍSICA

Recentemente um homem escreveu-me do litoral pedindo-me para libertá-lo de uma promessa que me havia feito. Tinha ficado paralítico em conseqüência de um desastre de automóvel; o cérebro fora lesado de tal maneira que ele tivera de aprender a falar, a ler e a soletrar novamente. Tinha sido levado em cadeira de rodas à minha classe de autodesenvolvimento, e só conseguia emitir sons ininteligíveis, embora intimamente soubesse o que queria dizer. Estava tão perturbado emocionalmente e queria tão fortemente dizer o que sentia, que procurou fazer a garganta e a língua reagirem antes de estarem preparadas.

Meu ensinamento a ele foi que deveria ver um "quadro" Com os olhos da mente de cada palavra que desejasse dizer, antes de tentar criar o som da palavra. Disse-lhe que acreditava que com esse método ele recuperaria com o tempo a capacidade de falar. Sugeri-lhe também que *não* permitisse que seus pensamentos andassem juntos, que devia ver mentalmente os quadros de cada pensamento que lhe ocorresse, não se afobando, lentamente, como quadros em câmara lenta. Eu estava convencido de que, quando ele recuperasse o domínio dos sentidos e das emoções, poderia acelerar esta operação até o normal.

— Quando o senhor tiver aprendido a escrever a máquina e a soletrar novamente — disse eu — gostaria que me proporcionasse a sensação de escrever a primeira carta para mim! Ele prometeu que assim faria, mas passou-se um ano até que recebi esta carta que ele havia ditado a um amigo. Dizia:

Caro sr. Sherman:

Como sabe, prometi escrever minha primeira carta para o senhor. No entanto, nesse ínterim, descobri que tenho uma irmã na Holanda e *ela* me pediu que, quando eu ficasse bom, escrevesse para ela minha *primeira* carta.

Não disse nada antes de lhe perguntar se o senhor quer me liberar. Promessa é promessa. Posso esperar sua carta, liberando-me? Não posso fazer nada antes de receber sua carta. Sei que o senhor entenderá.

Agora sou capaz de falar quase com perfeição; tenho dois terços de capacidade para ler: e agora estou começando a soletrar milhares de palavras. Penso que daqui a mais um ano terei recuperado tudo — ler, escrever, soletrar e falar.

Eu naturalmente liberei este homem de sua promessa para que a irmã pudesse ser a *primeira* a compartilhar do seu triunfo. Não tenho licença de usar seu nome e sempre trato destes casos confidencialmente, mantendo-os no anonimato, a menos que receba permissão para revelar as identidades de tais pessoas. Mas o que este homem fez com os seus heróicos esforços mentais para sua auto-reabilitação, quando os médicos abandonaram seu caso como sem esperança, é um milagre moderno.

Lembro-me muito bem de que, depois de cada aula, este homem agarrava-me a mão e emitia sons inexprimíveis, dizendo-me com os olhos o quanto apreciava o que conseguia com minhas palestras, e que tentaria com todo o empenho aplicar as instruções recebidas! Tinha começado a dizer palavras antes de se cumprirem as cinco sessões, pondo-as em frases hesitantes!

Diante de tais façanhas apesar de um corpo diminuído, nós que pensamos estar em situação de inferioridade deveríamos criar vergonha e fazer um esforço muito maior para dominar nossa fraqueza. O poder da mente, exercido corretamente, pode fazer aquilo que de outra maneira seria impossível. Se tudo mais parece ter fracassado, por que não apelar para o divino poder criador que temos dentro de nós? Temos apenas de *imaginar* o que queremos, persistentemente e com fé, e envidar todos os esforços — e poderão acontecer maravilhas!

RESTABELECIMENTO DE UM ESGOTAMENTO NERVOSO

Há muitas espécies diferentes de esgotamento nervoso, provenientes de muitas causas diferentes. Mas as forças causadoras fundamentais são sempre uma reação mental ou emocional demasiado forte a experiências da vida pregressa. Nas garras de tal perturbação nervosa, você se sente completamente insuficiente e incapaz de enfrentar determinadas situações em seu presente. Parece que seu ego, sua identidade, o *verdadeiro você*, está sendo esmurrado de todos os lados. Você tenta fugir da vida, mas onde quer que leve seu corpo, buscando uma mudança de cenário e uma libertação de ligações atuais, descobre que levou com você a condição mental e emocional.

Finalmente, você resolve que a única maneira de voltar a um estado de espírito e de emoções normal é arcar com as conseqüências onde estiver, enquanto procura eliminar todas as vibrações discordantes de sua vida. Centenas de pessoas me escrevem, anualmente, esperando que eu possa dar-lhes sugestões ou técnicas de raciocínio certo que criem nelas a força e a fé de se porem novamente de pé, mental e emocionalmente. Tenho o cuidado de declarar que não sou médico ou psiquiatra e que não tenho desejo nem intenção de suplantar os serviços deles. Todavia, verificando que receberam ou estão recebendo tratamento médico ou psiquiátrico, sinto-me à vontade para sugerir atitudes mentais que elas poderão adotar como um auxílio a seu restabelecimento.

Um caso assim aconteceu com a sra. B., da Austrália. Fazia anos que vinha sofrendo um grave estado nervoso, e que tinha resistido a toda espécie de tentativas médicas e psicológicas. Por fim, uma amiga lhe havia dado um de meus livros, e ela escrevera para me contar que ele fora útil, levando-a a esperar que poderia, talvez, ajudar a si mesma. Respondi, encorajando-a da melhor maneira possível, porque quando uma pessoa resolve que vai fazer todos os esforços para "ajudar a si mesma", boas coisas podem começar a acontecer!

Ora aqui está o resultado feliz da luta desta mulher para readquirir o domínio de si mesma, contado com suas próprias palavras:

> Desde a última vez em que lhe escrevi, fiquei *curada* de meu distúrbio nervoso. A terapia me foi aplicada por um rapaz que conheci por intermédio de uma amiga que também teve esgotamento nervoso. Ele me *curou* retrocedendo às experiências de minha infância (como o senhor tinha sugerido) que sofri com minha mãe e explicando-as para mim. Compreendi, então, que se eu tivesse dado a minha mãe minha afeição sem limites teria dado a ela muita felicidade e isso teria me libertado de muitos sen-

timentos de culpa e hostilidades que foram crescendo com os anos.

Visitei este rapaz todas as noites de segunda-feira durante seis meses. Ele me aconselhou a usar as palavras *"eu estou"* em tudo que eu fizesse. Por exemplo: — *Estou* descascando as batatas, — *Estou* ouvindo um cachorro latir — e assim por diante pronunciando as palavras a meia voz, sempre, em tudo que fizesse. Ele explicou que desse modo eu evitaria "confusão" em meus pensamentos. Tinha razão. Fiz como ele sugeriu nas minhas lides diárias, e todos os meus terríveis temores desapareceram para sempre. Explicou também que o uso de *eu estou* significaria que não há "passado" e nem "futuro", *apenas o momento presente.*

Seu conselho nas suas cartas, sr. Sherman, segue a mesma linha. Meu marido e eu nos damos muito bem atualmente, embora eu não lhe tenha contado as minhas lições com o terapeuta. Sei que ele *nunca* entenderia meu esgotamento nervoso ou por que eu o tive. Mas isso não importa para mim, o maravilhoso é que eu posso gozar a vida, *sem medo!*

O BENÉFICO PODER DO MEDO

Os cientistas de Harvard, sob a direção do Professor Pitirim A. Sorokin, realizaram uma experiência extremamente incomum. Sua pesquisa dizia respeito ao *poder do amor.* Descobriram que o amor tem mais poder sobre a enfermidade do que o medicamento. Umas doses adequadas desta emoção podem produzir vida mais longa, mais saúde e felicidade, assim como paz de espírito. Jovens e velhos se transformam quando, tomam a poção do amor.

Se você não gosta de alguém e se tem consumido de raiva por dentro contra ele, comece a gostar dessa pessoa, e veja o que acontece. Você estará pronto a ficar com um amigo, em vez de um inimigo, e um estômago livre de úlceras. A maioria dos seres humanos nunca esquece uma ofensa, mas lembra-se de uma bondade mais tempo ainda. Uma vez que "os iguais se atraem" (já ouviu isto antes?) você não preferiria distribuir amor e bondade e receber em troca amor e bondade?

Você já ouviu pessoas dizerem: — Hei de me desforrar de fulano nem que leve o resto de minha vida! — Carregarem consigo tanto rancor exige mais delas do que exige da pessoa odiada.

Todos querem ser amados, até um cão; e todos se tornam mais cordiais com o amor, até um cão. Veja os homens e mulheres calados que o rodeiam que anseiam por amor, se pensa que o amor não é uma força poderosa, criadora, vital! Vários cientistas experimentaram amar algumas plantas e odiar outras, e as plantas que eram alimentadas com amor desenvolveram-se enquanto as plantas envenenadas pelo ódio, mas que receberam o mesmo cuidado e rega automáticos, ficaram miúdas ou até mesmo mirraram e morreram!

Há um velho ditado: "Pode-se amar uma pessoa até a morte": eu aposto no *amor* contra o ódio. Elimine o ódio de sua vida se deseja alcançar e preservar a saúde!

A FRUSTRAÇÃO — UMA AMEAÇA À SAÚDE

Uma experiência frustrante ou decepcionante pode transtornar a saúde de uma pessoa tão rapidamente quanto um acidente repentino e grave. Seu sistema nervoso reage imediatamente aos abalos mentais e emocionais! Se se prolongarem como as repercussões de um terremoto, começam a afetar a química de seu corpo e a torná-lo suscetível a uma porção de incômodos.

Lembre-se do que lhe disse no Capítulo 14 sobre minha experiência infeliz com o sr. X? À luz do que lhe vou dizer agora, seria bom você retroceder e reler esse relato.

É simplesmente impossível atravessar a vida sem sofrer uma certa soma de frustração e de desilusão. Mas é *como* nós reagimos a essas experiências, mental e emocionalmente, que determina o grau de prejuízo que poderemos sofrer fisicamente como conseqüência desses acontecimentos muitas vezes trágicos e perturbadores.

Confesso ter meus momentos de fraqueza, apesar do fato de que estou mais bem informado. Por mais preparado que julgava estar, há alguns anos, para "agüentar qualquer abalo" e deixar passar como se não fosse nada, fui duramente atingido pela fé injustificada que pus no sr. "X". Eu tinha vencido meus sentimentos de ódio e, de rancor contra qualquer pessoa por qualquer motivo, profundamente convencido do mal que me poderiam fazer, mental e fisicamente, por isso não alimentei nenhum sentimento malévolo contra esse homem. PORÉM, permiti-me ficar tão profundamente ferido ao pensar no tempo, energia e dinheiro perdidos, e no envolvimento de amigos respeitados nesta aventura "promissora", que estes sentimentos começaram a atuar em mim. Por algum tempo, senti-me tão impotente para me desembaraçar da situação em que me haviam posto, que meu corpo assumiu uma condição que duplicou, fisicamente, o que eu estava atravessando mentalmente. Um violento ataque de ciática me acometeu, tão doloroso que eu não podia andar e literalmente engatinhei com as mãos e os joelhos durante seis semanas!

Esta foi a experiência mais neutralizante de minha vida. Amigos solidários diziam que iam mandar-me "bons pensamentos", Vários deles vieram rezar e prestarem seus tratamentos mentais de outra maneira. Procurei ser grato assim como cooperante, mas intimamente sabia que, enquanto não conseguisse superar esta "ferida" de minha mente, a "ferida" de meu corpo continuaria — e *continuou!*

Quando se viveu a maior parte da vida com um sonho, uma aspiração, uma ambição, e foi levado a acreditar que a materialização estava próxima, e, no entanto, se vê tudo "soprado para longe" praticamente da noite para o dia, poder-se-á ter a melhor filosofia do mundo que, mesmo assim, nessas condições de provação, ter-se-á dificuldade para aplicá-la.

Conto-lhe isto para que saiba que nenhum de nós é invulnerável. Eu não tinha perdido a fé em mim mesmo ou no Poder Divino interior, mas *tinha* cometido o erro de não me exercitar imediatamente para aliviar minha consciência desta grave desilusão. Se tivesse feito isso, não me permitindo remoer mil vezes na mente esses acontecimentos desditosos, não teriam ficado profundamente arraigados no meu subconsciente.

Como esses sentimentos de mágoa ficaram fundamente enterrados, e refletidos num corpo igualmente dolorido, tinha nas mãos uma luta importante para superar e eliminar os "dois ferimentos". Para mim era evidente que o "ferimento mental" estava alimentando o "ferimento físico" e mantendo-o vivo. Assim mesmo, eu estava tão empenhado na reformulação de minha vida e de meus projetos, como resultado deste "desastre", que fiquei temporariamente incapaz de encontrar uma saída, e assim minha condição se foi agravando.

Assim como o alcoólatra que acaba descobrindo que precisa parar de remoer as tristes experiências passadas, e pôr sua fé num Poder Superior, retrocedi até compreender que não podia resolver todos os meus problemas de uma vez, e que tinha de começar onde deveria ter começado no início — em *mim mesmo.*

Retrocedi até uma declaração que tinha achado tão útil em provações e tribulações passadas, e que eu tinha mencionado em mais de um de meus livros — uma declaração que muitos leitores haviam atestado ter sido de grande auxílio para eles.

"Nada ou ninguém pode ferir-me — a menos que eu deixe que me firam!"

Muito simples! Repita isto para você mesmo e repare na sensação de força interior que lhe dá. Feche a porta a todas as influências externas. Erga uma parede protetora interior. Você sente que está assumindo o domínio da situação. Você apela para este Poder Superior dentro de você, e diz a você mesmo:

"Com a ajuda de Deus vou dominar todas as condições de mente e de corpo que não estiverem em harmonia, que estiverem em desordem. Não tenho nada a temer. O futuro se encarregará, enquanto eu tomar conta de mim — enquanto eu dominar meus pensamentos e meus sentimentos. Sei que "Nada ou ninguém pode ferir-me a menos que eu deixe que me firam". Ponho agora um fim a meus aborrecimentos, com fé em que, com uma mente limpa, encontrarei resposta para todos os problemas. Estou livre de todos os sentimentos de ódio ou rancor, todo e qualquer pensamento destruidor. Estou totalmente bem de corpo e de espírito, capaz de enfrentar qualquer situação na vida como deve ser enfrentada."

Quando ministrei estes pensamentos a mim mesmo, era a dose de medicamento de que tinha necessitado sempre. Acreditando neles, senti seu impacto tanto em meu espírito como no meu gosto. Depois de repeti-los em períodos de meditação durante o dia e à noite senti de repente um alívio mental e físico. O ferimento tinha desaparecido de minha consciência e a dor desaparecera de meu corpo. Levantei-me da cama como se nunca me houvesse acontecido nada, e desde então não tive nenhuma recaída.

AS CURAS ESPIRITUAIS SÃO POSSÍVEIS

Em dois de meus livros anteriores *Como Usar o Poder da Oração e Como Fazer o ESP Trabalhar para Você*, descrevi casos documentados de "curas espirituais" que foram realizadas por meu amigo, Reverendo Harold Haymard, da Califórnia, pelo uso da "terapia da oração". Ele atendeu bondosamente aos pedidos de muitos leitores que solicitavam suas orações. Em muitos casos, curas extraordinárias, e indubitáveis aconteceram.

O sr. Hayward prefere, se possível, um contato pessoal com a pessoa necessitada, a fim de que ele possa pousar as mãos na parte afetada do corpo, enquanto reza. Uma "forma de energia benéfica" quase imperceptível parece transmitir-se, como se a fé propiciasse uma substância no processo da meditação espiritual. A ciência ainda não sabe explicar com exatidão o que acontece quando uma "cura mental" se realiza.

Um de seus êxitos mais recentes acaba de me ser relatado, a meu pedido. Uma sra. Toenjes, que eu tinha conhecido numa viagem anterior à Califórnia, foi procurá-lo, queixando-se de uma dor aguda no peito e um inchaço no lado direito. — Ela fora ao médico — declarou o sr. Hayward — que lhe disse desconfiar de um tumor e marcou uma consulta no UCLA Medical Center para um exame completo a fim de verificar a extensão da moléstia.

"Pus minhas mãos em seu peito e rezei por ela. Sentiu o inchaço desaparecer, e ela disse que a dor e a inflação tinham acabado.

A carta inclusa que chegou ontem (5 de abril de 1965) conta o fato e naturalmente pode ser examinada, através do UCLA Medical Center."

O anexo, assinado pela sra. Toenjes, está agora em meu fichário. Dirigida ao sr. Hayward, diz o seguinte:

> Alô
> Peço desculpas por não ter escrito mais cedo para lhe contar como me sinto bem em minha cura. Não tenho dor nem inflamação desde que o senhor rezou por mim, embora, para agradar uma das meninas e os vizinhos, eu tivesse ido ao UCLA para um exame. *Não conseguiram encontrar nada...*

A cura acontecera no dia 29 de março. A sra. Toenjes concluía:

> Esta é a primeira vez em quinze anos que algum de nós, fica doente. Estamos nos sentindo muito bem hoje e damos graças a Deus por um amigo tão bom e verdadeiro como o senhor, e pelo que fez por nós.

Não são as palavras que o sr. Hayward usa quando reza; é o sentimento de convicção e de fé absoluta que estão por trás das palavras. Ele tem agora tantas experiências diversas, e bem sucedidas no campo da oração que pode quase instantaneamente assumir e manter a atitude mental e emocional adequada quando está rezando.

Perguntei-lhe se é necessário realizar uma "aplicação de mãos" toda a vez que é oferecida uma oração de cura. Diz ele que não, embora ache que, quando é conveniente, o contato físico pode ser mais eficaz. O toque pode significar muito para uma pessoa enferma, que é mais capaz de imaginar uma cura quando sente uma mão sobre a área ferida ou enferma.

— Para algumas pessoas — explica o sr. Hayward — pousar a mão sobre a cabeça ou outra parte do corpo é como uma bênção. Ajuda-as a chegar ao estado de espírito que as unirá à oração por seu restabelecimento. É como se se fechasse uma espécie de circuito entre nós dois e o Poder Divino dentro, de nós. Uma vez que as pessoas sentem realmente isto, geralmente acontece uma cura instantânea. Elas sempre declaram, que se sentem muito melhor, e habitualmente o progresso continua até ficarem boas.

O sr. Hayward não apregoa que pode conseguir 100 por cento de resultados. Mas através dos anos seus êxitos excederam em muito seus fracassos. A ciência precisa fazer um estudo profundo da "cura pela fé". Este é um dos setores que pretendo fazer minha Fundação ESP pesquisar. Estou convencido de que quanto mais contatos conseguirmos e mantivermos com o Poder Divino interior, melhor nos sentiremos em todos os sentidos.

O QUE A AMARGURA EMOCIONAL PODE FAZER

Entre as centenas de casos que encontrei em que, homens e mulheres contraíram enfermidades físicas por acalentarem constantemente sentimentos amargurados a respeito de experiências trágicas passadas, nenhum é mais dramaticamente ilustrativo do que o da situação criada por uma mulher a quem chamaremos "sra. Dawson",

Mais um caso de cadeira de rodas, ela chegou à minha classe em Nova York já faz alguns anos, Era *inválida artrítica.* Suas mãos eram gravemente deformadas. Ela me ouvira dizer que o *raciocínio errôneo* — o ódio, o rancor, a amargura — poderia sobrecarregar de tal maneira de impulsos destruidores o sistema, que modificava a química do corpo e provocava enfermidades físicas como a artrite e o reumatismo. Ela me esperou depois da conferência para falar comigo. Disse então, provocadora:

— O senhor pretendia subentender que *eu* provoquei este estado em mim mesma?

— É perfeitamente possível — respondi — se a senhora foi perturbada emocionalmente sobre uma coisa qualquer na sua vida, se alguém lhe fez alguma coisa que a senhora não pode esquecer ou perdoar, se ficou remoendo isso, se não foi capaz de arrancá-lo da consciência. Se estes sentimentos ainda perduram dentro da senhora, estes precisam procurar algum escape — uma forma de expressão — porque todo pensamento, de algum modo, *deve* tomar uma forma exterior — esta é a lei. Portanto, sua artrite pode ser o reflexo físico dos pensamentos e sentimentos perturbadores que a senhora carregou consigo durante anos.

A mulher começou a chorar.

— Eu não quis confessá-lo — disse ela — mas é verdade. Eu estou cheia de amargura. Não poderei perdoar nunca meu filho pelo que ele fez ao pai e a mim. Ele acabou tornando-se criminoso — está cumprindo pena de prisão perpétua por ter matado um homem. Desgraçou-nos de tal maneira, que tivemos de vender uma casa que nos custou trinta anos de economias e de sacrifícios. Tivemos de deixar a comunidade em que vivíamos e ir para uma cidade estranha onde não éramos conhecidos. Atualmente estou em Nova York visitando parentes mas não posso acreditar — não me parece justo que eu tenha de sofrer deste jeito por uma coisa que meu filho fez!

— É possível, minha senhora — disse-lhe eu — que a *senhora* tenha contribuído, sem intenção, para que seu filho se tornasse criminoso!

— Como pode o senhor *dizer* uma coisa destas? — perguntou ela.

Pedi-lhe que passasse em revista sua vida pregressa com o garoto. Contou-me que ele sempre fora voluntarioso, queria fazer o que queria. O pai era caixeiro-viajante e tinha pouco tempo para o filho. O garoto envolveu-se em desordens de pouca monta com uma turma pouco recomendável. Ela se afligiu, brigou, procurou retê-lo em casa à noite e o advertiu de que acabaria criminoso. Ela confessou que passava as noites acordada, mês após mês, preocupada, *imaginando* que aconteceria o pior. Realmente, as coisas pioraram *mesmo* cada vez mais — até que o filho saiu com um bando e atirou numa pessoa num assalto.

Seu ato trouxe a desgraça perpétua para a família. A sra. Dawson não pôde enfrentá-la continuando na mesma comunidade. Até hoje, quando pensava no filho, era com amargura. Porém, depois de me contar tudo isso, a mãe começou a *ver* o que o raciocínio errôneo tinha feito — não apenas para ela como para o rapaz. Virando-se para mim, disse, suplicante: — Como é que poderei *desmanchar* tudo isso agora — será — *tarde demais?*

— É tarde demais para desmanchar alguma coisa — respondi — mas a senhora pode principiar escrevendo para seu filho e pedindo *seu* perdão, e perdoá-lo pelo que a senhora achou que ele lhe fez. A senhora pode decidir que vai fazer tudo que for possível por compensar seu filho, e todos os interessados, pelos erros que cometeu e a amargura que carregou.

— Se eu *fizer* isso — perguntou a mulher — e não sei se poderei ou não — eu senti desta maneira durante tanto tempo — mas SE eu fizer isso, o senhor acha que me sentirei melhor *fisicamente?* .

— A senhora só poderá ficar melhor — garanti-lhe — quando parar de verter veneno no seu sistema com o raciocinio errôneo e começar a substituir o ódio pelo amor — alguma coisa deverá acontecer. Dependerá da senhora a *importância* da mudança.

Esta mulher tratou de se disciplinar. Acertou a situação dolorosa entre o filho e ela. *Só* a supressão desse peso teve importante influência no seu espírito, na sua atitude mental, em suas emoções. Dentro de *três meses e meio* a partir daquele dia, ela deixou a cadeira de rodas. Hoje, embora não queira divulgar seu verdadeiro nome, o que é compreensível, está livre da artrite com exceção de algumas cicatrizes, e está dedicando grande parte de seu tempo a auxiliar os outros na correção de seu raciocínio errôneo.

O que os *seus* sentimentos estão fazendo a *você?* Se sua saúde não é o que deveria ser, se sua vida é infeliz e agitada, retroceda na memória até um tempo e uma experiência que o perturbou emocionalmente, e elimine esses sentimentos de seu sistema. Não demore!

A cura mental é atualmente um fato provado em muitos tipos de distúrbios físicos, principalmente quando se relacionam ao sistema nervoso. Os médicos e cirurgiões admitem de bom grado a utilidade de atitude mental de um paciente em todos os casos de enfermidades. Há limitações físicas, naturalmente, uma vez que vivemos num universo físico. E é óbvio que não é possível para uma pessoa que perdeu *uma* perna ou um braço transformar-se em *uma* nova pessoa pelo recurso de imaginar-se como tal. Mas quando o corpo ainda está intato, quando os centros nervosos foram danificados mas não destruídos, quando os órgãos vitais ainda podem funcionar, a influência de sua mente interior ou subconsciente pode ser um grande e decisivo fator do seu restabelecimento.

A utilização de sua mente para combater o mal e vencer os distúrbios físicos e nervosos é um campo relativamente novo e inexplorado no funcionamento da consciência humana. Fundaram-se algumas religiões sobre esta faculdade da mente e muitas reivindicações foram exigidas pelos defensores do Novo Pensamento. Os santuários têm a sua quota anual de milhares de pessoas presumivelmente "curadas".

É sempre prudente consultar um médico competente... mas também é aconselhável ajudar o médico assumindo a atitude adequada — perante sua condição. Mais importante ainda, se você tratar de eliminar da consciência as imagens mentais errôneas de medo e angústia, você terá feito muito para conservar sua mocidade e sua saúde.

A prova de que a mente tem um efeito formidável sobre o corpo tem sido conseguida através de experiência no hipnotismo. Os médicos descobriram que os pacientes, dirigidos sob a hipnose, podem controlar seu fornecimento de sangue, mudar a pulsação, tornar-se imunes à dor, podem receber agulhas e facas pelo corpo sem derramar sangue ou deixar marca, e podem agüentar pesos esmagadores no abdômem e no peito que ficam rígidos através da sugestão mental.

Isto mostra o espantoso poder de sua mente subconsciente quando é corretamente atingida e dirigida. Demonstra a influência que você pode exercer sobre seu corpo imaginando conscientemente a presença da saúde, de modo que seu subconsciente possa levar esta impressão a todas as partes de seu ser físico.

Ouse viver. Tenha a coragem de encarar a vida como a recebeu. Obedeça a todas as leis físicas normais — moderação no comer, no beber, no dormir, no trabalhar e no exercício.

NUNCA abandone a esperança. Se os médicos lhe tiverem anunciado a "sentença de morte", você deverá nessa hora depender inteiramente da fé e do divino poder de cura dentro de você. Nestas circunstâncias, talvez seja possível para você ativar as células de seu corpo por seu raciocínio certo de tal maneira, que acontecerá uma cura. Ponha a sua confiança na meditação e na oração. Milhares de homens e de mulheres têm recuperado miraculosamente a saúde e vigor depois de terem aparentemente perdido toda esperança. O que eles foram capazes de fazer deverá sustentar muito sua esperança e sua fé.

PENSAMENTOS PARA INCORPORAR EM SUA VIDA

Possuo um poder de cura em minha consciência
que pode restituir-me a saúde e manter-me bem
De corpo e de mente.

Este poder de cura reage à natureza e caráter de meus pensamentos e sentimentos. Se eu estiver perturbado, dominado por temores e angústias, isso me levará a apresentar imagens mentais de doenças a meu subconsciente que impedirão o poder de cura de funcionar.

Preciso fugir do negativo e tornar-me um tipo afirmativo, se quiser suprimir minhas dores, angústias e perturbações.

Preciso recusar-me a permitir que a desilusão dos outros, o abuso de confiança, o aproveitamento de um negócio, e diversas fraquezas humanas me transtornem mental e emocionalmente. Se assim fizer, sei que essas reações poderão afetar-me, física e mentalmente, e trazer-me uma saúde precária.

Independente de qualquer condição física que venha a enfrentar, nunca abandonarei a esperança e a fé de que ela poderá ser curada.

Hoje, a ciência e a religião estão unidas na compreensão de que a mente pode realmente ter uma grande influência sobre o corpo, e que médicos e pacientes, trabalhando juntos, muitas vezes realizam milagres.

17

O Poder de Enfrentar a Idade Avançada

Sem dúvida você teve motivo para compreender que "a idade" é um problema cada vez maior na vida de seu país... na vida do mundo. Os homens e as mulheres estão vivendo mais do que há um século graças aos progressos da ciência médica e aos modos de vida aperfeiçoados. Entretanto, justamente este fator de longevidade maior produziu problemas econômicos crescentes.

Todo nosso conceito de "idade" está errado e deve ser mudado. Associamos com a idéia de "idade" a crença de que a "idade" em si quer dizer incapacidade física e mental, que nenhuma pessoa mais velha pode ser útil à sociedade. Na verdade, muitos homens e mulheres já de idade avançada ainda possuem *corpo são* e *mente perfeita* e continuam tão bem preparados para continuar no serviço ativo quanto o foram quando mais jovens. Até mais, estes anos lhes deram uma experiência e uma perícia, uma madureza de raciocínio que os homens e mulheres mais jovens ainda não adquiriram. No entanto, pela lei como pelas instituições de pensão e outros planos de aposentadoria instituídos pelo comércio e pela indústria, esses homens e mulheres mais velhos são forçados a renunciar a cargos bem remunerados ao atingirem a idade de sessenta ou sessenta e cinco anos, e a ir, literalmente, "para a prateleira".

Um dia estão empregados vantajosa e satisfatoriamente, com segurança econômica, e logo no dia seguinte, depois de chegar ao limite de idade estipulado, estão sem trabalho, dependendo de uma pensão geralmente insuficiente ou pagamentos da Assistência aos Idosos e da Segurança Social, que muitas vezes não são suficientes, se não houver outros recursos a que recorrer, para capacitá-los a manter o padrão de vida que conquistaram com o trabalho e que desfrutaram durante toda a vida.

Muitas firmas comerciais e industriais operam em plano de aposentadoria e não empregam homens e mulheres acima de quarenta ou quarenta e cinco anos, porque as pessoas acima desta idade não podem pagar *de volta* dinheiro bastante de seus salários que as habilite a uma aposentadoria. Alguns empregadores sentem grande simpatia por pessoas mais velhas que pedem trabalho e gostariam de empregá-las, mas as regulamentações arbitrárias estabelecidas pelas companhias proíbem tal contratação. E, naturalmente, há muitas empresas comerciais e industriais que não têm planejamento de aposentadoria, mas, ainda assim, submetem-se à contratação de pessoas mais moças. Esta era é a dos jovens — e se tornou, infelizmente, a era dos jovens *contra* a *idade*. Como poderão os milhões de adolescentes que terminam o curso secundário a cada ano ser absorvidos pelo mercado de trabalho? Os jovens acham difícil compreender que serão as pessoas mais velhas de amanhã. Se pudessem, seriam mais generosos e compreensivos dos problemas que os mais velhos estão enfrentando agora.

VOCÊ PRECISA ADAPTAR-SE A ESTA ORDEM EM TRANSFORMAÇÃO

Se você está na faixa dos mais velhos, precisa pensar em novas maneiras em que se possa adaptar à transformação — e tratar de permanecer *jovem de espírito!* Tal atitude pode mantê-lo bem ativo e mais habilitação a enfrentar os problemas econômicos.

Uma senhora escreveu-me contando que, desde que seus cabelos embranqueceram, não foi capaz de conseguir emprego, apesar de ser uma gerente de escritório altamente especializada, estenógrafa e recepcionista. Por fim, em desespero de causa, mandou tingir os cabelos de preto, passou a usar vestidos de estilo mais jovem e imediatamente conseguiu uma situação boa como recepcionista no salão de jantar de um grande hotel.

— É claro que menti sobre minha idade na minha solicitação — confessou. — Isso não me agradava mas os amigos disseram que eu parecia vinte anos mais moça; também me senti assim, quando vi a reação que minha nova aparência estava despertando em todos que encontrava. Sabe que esta transformação também me trouxe um novo romance? É uma pena que hoje em dia uma pessoa tenha de falsificar para habilitar-se. Mas acho que é esse o mundo em que vivemos.

É verdade, hoje em dia há muitas injustiças que se cometem com as pessoas mais velhas. Muitas sentem que estão sendo esquecidas, postas de lado, deixadas de lado, quase sem defesa, sozinhas, por antigos sócios, amigos e parentes.

— O único pecado que cometemos foi viver demais — disse-me um senhor idoso. — No meu caso, se eu tivesse morrido há anos e deixado os meus bens para meus filhos e seus filhos minha memória teria sido reverenciada. Mas agora, à medida que vou vivendo, de ano para ano, gastando gradativamente as economias de toda minha vida, que poderiam ter ficado para eles, tenho certeza de que eles se irritam com a minha existência prolongada. Percebem que, se eu não morrer logo, não me sobrará nada para lhes deixar. É para mim um grande golpe compreender que eles se importaram mais com os meus bens do que se importaram comigo. No entanto, tenho sido sempre generoso com o que possuo; nunca neguei a meus filhos o que julgava bom para eles. Providenciei para que todos os quatro tivessem uma boa educação e se estabelecessem. Mas ainda querem mais — querem-me fora do caminho — quanto mais cedo melhor, enquanto ainda tenho alguma coisa no banco!

Este quadro bastante sombrio aplica-se de diversas formas a muitas situações familiares de hoje. Uma senhora idosa confiou-me que há alguns anos pensou que ia morrer e por isso chamou os três filhos crescidos e fez a partilha de sua propriedade. Depois, miraculosamente restabelecida, achou-se na miséria, obrigada a procurar auxílio, pois os filhos não queriam devolver o que lhes fora dado — ou esperar que essa divisão acontecesse depois que ela realmente morresse.

— Agora sei que eles pretendiam apoderar-se do que eu tinha, no momento em que eu morresse — disse ela — e uma vez conseguido o meu dinheiro, nunca mais fingiram que gostavam de mim!

Que infelicidade pode causar o dinheiro e a cobiça dos bens dos outros!

Você já ouviu dizerem: — Fulano é um cacete e um peso. Mas é parente meu e tenho que agüentá-lo porque acho que receberei alguma coisa quando ele morrer!

Se você é pai ou avô e tem algum dinheiro e propriedade que ficará para seus filhos e os filhos deles quando você morrer, seria aconselhável que acabasse com as especulações contando a eles como você pretende contemplá-los no seu testamento. Se tem certeza de que possui o bastante para viver durante o resto da vida, seria melhor que você fizesse uma doação de propriedade enquanto ainda está vivo, ficando com o suficiente para você mesmo, a fim de que possa ter satisfação de ver seus parentes desfrutarem suas doações e também estar presente para certificar-se de que não surgirão rixas egoístas ou de ciúme do que você tiver dividido entre eles.

Sendo a ganância humana o que é, você deve estar preparado para uma desilusão concernente às reações de alguns parentes que poderão ter protestado profunda amizade por você. Encarando com realismo a "idade mais avançada", poupará a você mesmo alguns graves abalos emocionais.

QUE TAL UM LAR PARA OS VELHOS?

A carta seguinte é típica de muitas que recebo:

> Caro sr. Sherman
>
> O senhor acha que eu seria feliz num Lar de Velhos! Estou chegando à idade em que poderei precisar de cuida-

dos físicos e não quero ser uma carga para meus filhos crescidos e suas famílias.

(Sra. J .G.)

A resposta típica que dou a tais perguntas é a seguinte:

Depende do Lar de Velhos. Algumas instituições do gênero têm como residentes um tipo superior de homens e mulheres cuja companhia é muito agradável. Em tais ambientes a senhora poderia criar uma vida nova e interessante.

Em todo caso, seria bom que a senhora visitasse alguns lares para pessoas idosas, se possuir recursos suficientes, para julgar pessoalmente se poderia ou não ser feliz nessas instituições.

A camaradagem nos anos derradeiros significa quase tanto quanto o tratamento físico que poderá receber. Em muitos casos significa mais, porque se a senhora não for pelo menos espiritualmente feliz, será duas vezes mais difícil suportar qualquer enfermidade ou incapacidade física.

Poupar aos seus parentes o fardo de cuidar da senhora é uma resolução bonita e altruísta. Sempre que possível, se uma pessoa idosa pode conservar sua independência, mesmo parcial, é muito melhor para todos os interessados e contribui para a melhora das relações de família.

VOCÊ PODE VIVER SÓ E GOSTAR

À medida que você envelhece, e os amigos e parentes vão partindo, inclusive, quem sabe, seu marido ou sua mulher, você talvez se veja morando sozinho ou ficando só a maior parte do tempo. Isto pode ou não constituir um problema importante dependendo de você se importar ou não de ficar sozinho, se você é ou não uma boa companhia para vôcê mesmo, se os interesses para matar o tempo tais como o rádio, a televisão, o cinema, bons livros, as viagens e outras diversões são ou não substitutos satisfatórios para a falta de companhia humana.

É possível que essas atividades percam muito de seu sabor se forem desfrutadas a sós, porque você se acostumou no passado a compartilhá-las com outros. A companhia de uma pessoa agradável e compreensiva, de gostos e interesses semelhantes, é quase um "imperativo" para impedir que a vida se torne um tédio mortal.

É rara a pessoa que pode viver consigo mesma, só. É preciso ser um tipo extremamente introspectivo (tão egocêntrico que cria um mundo próprio e vive na sua imagem refletida), ou então que possua uma filosofia de vida que lhe dê a certeza íntima de harmonização com a Natureza e com Deus.

Tenho conhecido algumas pessoas desse último tipo que estão longe de ser eremitas. O rádio as tem mantido bem informadas, algumas têm lido consideravelmente e, quando se chega a conhecê-las, iniciam debates sobre o que está errado ou certo na humanidade, no país e no mundo, transmitindo comentários e conselhos que muitas vezes fariam supor serem pessoas cultas".

Um senhor idoso, encarquilhado e curvo com seus noventa e três anos de idade e sua permanência ao ar livre, mora numa velha casa de cômodo, a poucos quilômetros de mim. Veio para esta região do norte do Estado de Arkansas há mais de sessenta anos e se instalou onde mora até hoje. — Casei-me com uma moça em Wisconsin, briguei com ela na primeira semana de casados, saí de casa e continuei andando até chegar aqui — contou-me ele... — Nunca mais a vi nem soube notícias dela e nunca mais quis saber de mulher. Mas não trocaria meu cão por milhão de dólares.

À parte este ponto de vista ligeiramente pervertido, as opiniões dos velhos sobre os assuntos mundiais são racionais e pertinentes. Mas vivamos sós ou não, somos todos um pouco parciais ou nos colocamos "à margem" no tocante a alguns assuntos, conforme nossa reação às experiências que nos chegam na vida.